IMPARABLES

Diario de cómo conquistamos la Tierra

M

**HACE 2.5 MILLONES
DE AÑOS**

Los humanos
evolucionan en África.

Uso de herramientas
de piedra.

**HACE 6 MILLONES
DE AÑOS**

Última abuela
común de los
humanos y
los chimpancés.

**HACE 2 MILLONES
DE AÑOS**

Evolución de los
diferentes tipos de
humanos.

LÍNEA DEL TIEMPO
DE LA HISTORIA

**HACE 1.5 MILLONES
DE AÑOS**

Inicio del uso
del fuego.

HACE 50 000 AÑOS

Los sapiens se extienden
por Australia.

Extinción de los grandes
animales australianos.

HACE 70 000 AÑOS

Surgimiento de los
relatos de ficción.

Los sapiens se van de
África en gran número.

HACE 40 000 AÑOS

Desarrollo del arte.

HACE 35 000 AÑOS

Extinción de los
neandertales. Los
sapiens son el último
tipo de humanos que
sobrevive.

HACE 300 000 AÑOS

Los sapiens
evolucionan
en África.

HACE 15 000 AÑOS

Los sapiens se
extienden por
América.

Extinción de los
grandes animales
americanos.

HACE 400 000 AÑOS

Los neandertales
evolucionan en Europa
y Oriente Próximo.

YUVAL NOAH HARARI

IMPARABLES

Diario de cómo conquistamos la Tierra

Ilustraciones de
Ricard Zaplana Ruiz

Traducción de
Imma Estany

Montena

El papel utilizado para la impresión de este libro ha sido fabricado a partir de madera procedente de bosques y plantaciones gestionadas con los más altos estándares ambientales, garantizando una explotación de los recursos sostenible con el medio ambiente y beneficiosa para las personas.

Imparables
Diario de cómo conquistamos la Tierra

Título original: *Unstoppable Us*

Primera edición en España: septiembre, 2022
Primera edición en México: septiembre, 2022

D. R. © 2022, Yuval Noah Harari

D. R. © 2022, Penguin Random House Grupo Editorial, S. A. U.
Travessera de Gràcia, 47-49, 08021, Barcelona

D. R. © 2022, derechos de edición mundiales en lengua castellana:
Penguin Random House Grupo Editorial, S. A. de C. V.
Blvd. Miguel de Cervantes Saavedra núm. 301, 1er piso,
colonia Granada, alcaldía Miguel Hidalgo, C. P. 11520,
Ciudad de México

penguinlibros.com

D. R. © 2022, Imma Estany, por la traducción
D. R. © 2022, Ricard Zaplana Ruiz, por las ilustraciones
Diseño de portada: adaptación del diseño original de Hanna Shapiro. Penguin Random House Grupo Editorial
© Ricard Zaplana Ruiz, por la ilustración de la portada

C.H. Beck & dtv:
Editores: Susanne Stark, Sebastian Ullrich

Sapienship Storytelling:
Producción y gestión: Itzik Yahav
Gestión y edición: Naama Avital
Marketing y Relaciones Públicas: Naama Wartenburg
Edición y gestión del proyecto: Nina Zivy
Ayudante de investigación: Jason Parry
Corrección y edición: Adriana Hunter
Asesoramiento en diversidad: Slava Greenberg
Diseño: Hanna Shapiro
www.sapienship.co

ISBN: 978-607-382-022-6

Impreso en México – *Printed in Mexico*

*A todos los seres: los desaparecidos, los vivos
y los que aún están por venir. Nuestros antepasados
hicieron del mundo lo que es. Nosotros podemos
decidir en qué se convertirá.*

ÍNDICE

¿QUÉ SON REALMENTE LOS HUMANOS?

C recer no es tarea fácil. No solo para ti y para tus amigos y amigas, sino para todo el mundo. Incluso para los animales.

Para crecer, los cachorros de león deben aprender a correr y a cazar cebras. Un pequeño delfín tiene que aprender a nadar y a atrapar peces. Un polluelo de águila debe aprender a volar y a hacer un nido. Y todo eso no es sencillo.

Para los humanos, hacerse mayor todavía nos resulta más complicado, porque no estamos seguros de qué necesitamos aprender. Los leones corren y cazan cebras, los delfines nadan y atrapan peces, las águilas vuelan y construyen nidos..., pero ¿qué hacen los humanos?

Cuando eres mayor, puedes conducir un coche más rápido de lo que es capaz de correr un león. Puedes navegar en barco más lejos de lo que llegará nunca un delfín. Puedes pilotar un avión a mayor altura de la que cualquier águila consigue volar. Podrías hacer un millón de cosas más, cosas que los animales ni siquiera pueden imaginar, como inventar un nuevo videojuego, descubrir un nuevo tipo de medicina, encabezar una expedición a Marte o pasarte el día en casa sentado viendo la televisión. ¡Los humanos tenemos muchísimas opciones! Es por eso por lo que resulta tan confuso ser un humano.

Pero, sea lo que sea que acabes haciendo, es bueno saber por qué los humanos tenemos tantas opciones ya de entrada. Y eso es porque dominamos el planeta Tierra.

Antiguamente eran muchos los animales que dominaban el planeta: leones, osos y elefantes eran los amos en la tierra. Delfines, ballenas y tiburones eran los reyes de los mares. Las águilas, lechuzas y buitres eran los dueños del cielo. Pero ahora los humanos lo dominamos todo: tierra, mar y cielo. Vayamos adonde vayamos en nuestros coches, barcos y aviones, los leones, delfines y águilas deben apartarse... ¡Y rápido! Los animales no pueden evitar que construyamos carreteras en sus bosques. No pueden impedir que levantemos presas en sus ríos. Y no pueden librarse de que contaminemos los océanos y el cielo.

De hecho, los humanos ahora somos tan poderosos que el destino de todos los demás animales depende de nosotros. La única razón por la que los leones, delfines y águilas aún existen es porque se los permitimos. Si los humanos quisieran deshacerse de los leones, los delfines y las águilas de todo el mundo, podrían hacer que eso fuera una realidad en cuestión de un año.

Esto es mucho poder, y se puede usar bien o mal. Para ser un humano, debes entender el poder que tienes y lo que puedes hacer con él.

Y, para ello, necesitas saber cómo nos adueñamos del poder al principio.

Los humanos no somos fuertes como los leones, no nadamos tan bien como los delfines ¡y sin duda no tenemos alas! Entonces... ¿cómo hemos logrado dominar el mundo?

La respuesta a eso es uno de los relatos más extraños que vas a oír jamás.

Y es una historia real.

1

LOS HUMANOS SOMOS ANIMALES

ANTES ÉRAMOS SALVAJES

Nuestra historia empieza hace millones de años. Por aquel entonces, **los humanos solo eran animales normales y corrientes**. La gente no vivía en casas, ni iba al trabajo ni al colegio, y no tenía coches ni computadoras. Vivían al aire libre, trepaban a los árboles para recoger frutos, buscaban setas y comían gusanos, caracoles y ranas.

Los demás animales no temían a los humanos y no les prestaban mucha atención. Nadie habría imaginado que algún día los humanos llegarían a la Luna, fabricarían bombas atómicas o escribirían libros como este.

Al principio, los humanos ni siquiera sabían hacer herramientas. A veces usaban piedras para cascar nueces. Pero no tenían arcos ni flechas, lanzas ni puñales. **Eran animales relativamente débiles** y, en cuanto aparecía un león o un oso, tenían que huir, ¡y muy rápido!

Actualmente, muchos niños aún se despiertan por la noche asustados, creyendo que hay un monstruo bajo su cama. **Eso es un recuerdo de hace millones de años.** Entonces sí había monstruos que, por las noches, se acercaban sigilosamente a los niños. Cuando oías un leve ruido en la oscuridad, podía ser un león que iba a devorarte. Si te encaramabas enseguida a un árbol, sobrevivías. Pero, si te quedabas dormido otra vez, el león te comía.

A veces, cuando los leones mataban a una jirafa y se la zampaban, los humanos los observaban desde una distancia prudente. Querían una parte de la carne, pero les daba demasiado miedo acercarse, incluso cuando los leones se alejaban, porque entonces llegaban las hienas para comerse las sobras..., y los humanos no se arriesgaban a buscar pelea con esas manadas tan pendencieras. Por fin, cuando los demás animales se habían ido, los humanos iban de puntillas hasta el animal muerto para buscar entre los restos..., pero solo quedaban los huesos. Así que se encogían de hombros y se iban a recoger higos.

Entonces una humana tuvo una gran idea. Tomó una piedra, con la que rompió un hueso, y lo abrió. Dentro encontró el tuétano, una materia muy jugosa. Se lo comió y vio que era delicioso. Otros se fijaron en lo que había hecho y la imitaron. Pronto empezó a hacerlo todo el mundo. **¡Por fin había algo que solo los humanos sabían hacer!**

Cada animal tiene sus habilidades especiales: las arañas tejen telarañas y atrapan moscas, las abejas construyen panales y producen miel, y los pájaros carpinteros extraen larvas de los troncos de los árboles. **Algunos animales tienen habilidades muy curiosas.** Por ejemplo, el pez limpiador sigue a los tiburones y espera a que hayan comido. Cuando un tiburón se ha zampado un aperitivo de atún, abre la boca de par en par, y el pez limpiador se mete y quita los trocitos de atún que se le han quedado entre los dientes. Aquel consigue una limpieza dental gratis y el pez limpiador se da un buen banquete. De algún modo, los tiburones reconocen al pez limpiador y nunca se lo comen por error.

Pues bien, los antiguos humanos también tenían el truco especial del tuétano: usaban piedras para romper los huesos. Y algo aún más importante: **se dieron cuenta de que fabricar herramientas era una buena idea.** Empezaron usando palos y piedras no solo para abrir huesos, sino también para arrancar ostras de las rocas, desenterrar cebollas y zanahorias silvestres, y para cazar animales pequeños, como lagartos y pájaros.

Con el tiempo, los humanos descubrieron una herramienta más extraordinaria que los palos y las piedras: **¡el fuego!** El fuego es atroz y aterrador. Cuando un león se come una cebra, deja de tener hambre y se echa a dormir. Pero, cuando el fuego se come a un

árbol, luego está aún más hambriento, y salta velozmente al siguiente. Puede engullir un bosque entero en un día. Y, si intentas tocar el fuego o contenerlo para que no se extienda, te quemará a ti también. **Por ello, todos los animales le temen al fuego.** Incluso más que a los leones. De hecho, hasta los leones le tienen miedo al fuego. Pero algunos antiguos humanos empezaron a interesarse por él. Si lograran utilizarlo del mismo modo que usaban los palos y las piedras...

¿Te gusta sentarte a mirar el fuego y observar cómo bailan las llamas? Pues es otro recuerdo de los antiguos humanos. Al principio, se acercaban al fuego con mucha cautela. Quizás descubrieron que, si un relámpago prendía fuego a un árbol, luego podían sentarse a su alrededor y disfrutar de la luz y el calor. **Y, lo que es mejor, mientras ardía, ningún animal peligroso se atrevía a acercarse.**

LOS COCINEROS TIENEN UN CEREBRO GRANDE

Los humanos observaron el fuego y así llegaron a conocerlo mejor. Comprendieron que, pese a que era indómito y feroz, obedecía ciertas normas. Podían hacerse amigos de él. Acercaban un palo largo a un árbol en llamas y, cuando la punta se prendía, lo apartaban. **Consiguieron tener el fuego en un palo.** Así no se abrasaban, pero podían quemar cualquier cosa que tocaran con él. ¡Qué útil! Se podían llevar el fuego para no pasar frío y asustar a los leones.

Pero todavía había un gran problema: la gente no sabía cómo encenderlo. **Esperar a que cayera un rayo podía ser desesperante.** Frío y mojado, podías pasarte todo un año sentado junto a un árbol, y sobre ese árbol no caería ni un solo rayo. Y, si te persigue un león, no puedes perder ni dos segundos. ¡Necesitas el fuego YA!

Al final, a los humanos se les ocurrió cómo resolver este problema. Una forma era golpear una piedra de pedernal contra otro tipo de piedra llamado «pirita». Si le dabas fuerte, saltaba una chispa; y, si dirigías la chispa hacia unas hojas secas, a veces empezaban a arder.

Otra forma era buscar un trozo grande de madera seca, hacer un agujero e introducir hojas secas en él. Luego había que afilar un extremo de una ramita, ponerlo en el agujero y hacer girar la ramita entre las manos muy muy deprisa,

durante un par de
minutos. Su punta se ca-
lentaba mucho, hasta que prendía fuego a la hojarasca. Del agujero
empezaba a salir humo y luego brotaba una llama. ¡Fuego! Así, si
aparecía un león, solo había que agitar la madera encendida y el
león salía corriendo.

**El modo en que los humanos usaban el fuego los convirtió en unos
seres únicos.** Casi todos los animales dependen de sus cuerpos para
tener poder: la fuerza de sus músculos, el tamaño de sus dientes o
lo afilado de sus garras. Gracias al fuego, los humanos consiguieron
el control de una fuente ilimitada de poder externo. Un humano
débil provisto de un tronco ardiendo podía quemar un bosque entero en cuestión de horas, destruyendo todo lo que había a su paso.

**Pero lo mejor fue que supuso que los antiguos humanos pudieron em-
pezar a cocinar.**
Hasta entonces, comer alimentos crudos requería demasiado
tiempo y esfuerzo. Había que partirlos en trocitos, masticarlos durante mucho rato y, aun así, era difícil digerirlos. Se necesitaban
dientes grandes, un estómago grande y bastante paciencia. **Con el
fuego, comer fue mucho más fácil.** La comida se ablandaba al cocer-
la, así que necesitaban menos tiempo y esfuerzo para comerla y
digerirla. Como consecuencia, sus cuerpos empezaron a cambiar:
sus dientes eran más pequeños, sus estómagos también... Además..., **¡tenían más tiempo libre!**

Puedes hacer la prueba. La próxima vez que alguien prepare papas pídele una cruda para probarla. **¡Pero no te la comas!** Solo chupa un trocito. Seguramente lo vas a escupir. ¡Es dura y no está nada rica! En cambio, las papas cocidas son deliciosas. En tu casa, probablemente cueces las papas en la cocina, al horno o en un microondas, sin encender fuego. Pero la cocción empezó con una fogata. Así que, si te gustan las papas asadas o fritas, tienes que dar las gracias a tu amigo el fuego. Algunos científicos incluso dicen que fue la cocción lo que hizo que el cerebro humano empezara a crecer. Pero **¿qué relación hay entre la cocción y el cerebro?**

Veamos, cuando los humanos dedicaban mucho tiempo y energía a masticar la comida con sus grandes dientes y a digerirla con sus grandes estómagos, no les quedaba mucha energía para el cerebro, así que esos primeros humanos lo tenían pequeño. En cuanto empezaron a cocinar, eso cambió: gastaban menos energía en masticar y digerir, y les quedaba más para alimentar a un cerebro grande. **Sus estómagos se encogieron, sus cerebros crecieron, y la gente se volvió más inteligente.**

Aunque no hay que exagerar. Sí, los antiguos humanos se volvieron más listos, sabían fabricar herramientas y hacer fuego y, a veces, incluso cazaban una cebra o una jirafa. Y se sabían proteger mejor de los leones y de los osos. Pero eso es todo. **Los humanos seguían siendo un animal más.** No dominaban el mundo, ni mucho menos.

DIFERENTES TIPOS DE HUMANOS

Hoy en día, la gente parece un poco diferente y habla distintos idiomas, pero, en realidad, **todos somos iguales**. Tanto si vas a China como a Italia, Groenlandia o Sudáfrica, encuentras el mismo tipo de humanos en todas partes.

Por supuesto, hay diferencias en cosas como el color del pelo y de la piel entre chinos, italianos, groenlandeses y sudafricanos, pero, por debajo, tienen cuerpos y cerebros parecidos, y capacidades similares. Los chinos pueden aprender italiano, los groenlandeses pueden jugar al futbol con los sudafricanos, y todos pueden construir una nave espacial juntos.

Pero es muy raro que haya un solo tipo de humanos en todo el mundo. Al fin y al cabo, en todos los países hay diferentes clases

de hormigas, serpientes u osos. En Groenlandia hay **osos polares**; en las montañas de Canadá, **osos grizzlies**; en los bosques de Rumanía, **osos pardos**, y en los bosques de bambú de China, **osos panda**. ¿Por qué hay un solo tipo de humanos en todos estos lugares?

En realidad, durante mucho tiempo nuestro planeta albergó a numerosas clases de humanos distintas. En las diversas partes del mundo, los humanos tenían que enfrentarse con diferentes animales, plantas y climas. Algunos vivían en alta montaña, con mucha nieve, y otros habitaban las costas tropicales, con mucho sol. Algunos prosperaron en el desierto y otros en zonas pantanosas. Durante más de un millón de años, **los humanos se adaptaron a las condiciones de cada zona** y, gradualmente, se fueron diferenciando cada vez más..., igual que los osos.

Entonces ¿por qué hoy en día todos los humanos pertenecen a un mismo tipo? ¿Qué sucedió con los otros? **Una terrible catástrofe los erradicó y quedó una sola clase de humanos.** ¿Y cuál fue? Pues se trata de un gran secreto del que a la gente no le gusta hablar. Lo sabrás dentro de un rato, pero antes vamos a conocer otros tipos de humanos que vivieron en diferentes partes del mundo.

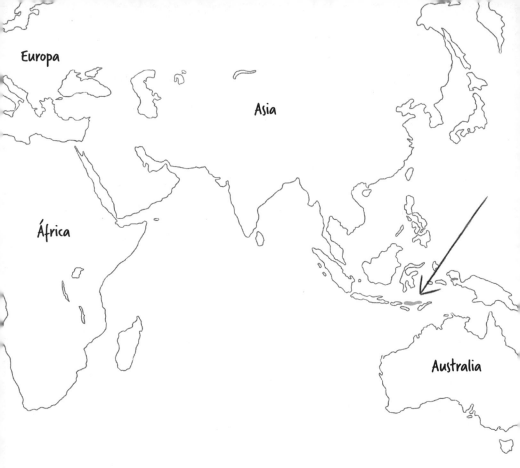

Europa

Asia

África

Australia

UNA ISLA DE ENANOS

Empezaremos nuestro recorrido por la pequeña isla de Flores, en Indonesia. Hace aproximadamente un millón de años, el nivel del mar alrededor de la isla de Flores era más bajo. **Muchos lugares que ahora están cubiertos por el agua entonces eran tierra firme**, así que Flores estaba mucho más cerca del continente. A algunos humanos curiosos, y a otros animales grandes, como a los elefantes, les resultaba fácil cruzar hasta la isla. Más tarde, cuando el nivel del mar subió, se quedaron atrapados en ella y no pudieron volver al continente.

La isla de Flores era pequeña y no había mucho que comer. Las personas más corpulentas y los elefantes más grandes, que necesitaban mucha comida, perecieron primero. Los más pequeños, que necesitaban menos comida, sobrevivieron. Cuando un hombre y una mujer bajitos tenían hijos juntos, estos eran incluso más pequeños. Por supuesto, no todos los bebés eran de la misma estatura: algunos eran menudos y otros lo eran aún más. **Como seguía escaseando la comida, también eran los más pequeños los que sobrevivían.** Y así fue como, de generación en generación, tanto las personas como los elefantes de la isla de Flores se fueron haciendo más pequeños... **hasta que se convirtieron en humanos y elefantes enanos.**

Esto es un ejemplo de «evolución». La evolución explica no solo de dónde venían los enanos de Flores, sino **cuál es el origen de todos los animales y las plantas.** Y por qué las jirafas tienen un cuello tan largo, los zorros son tan listos y las mofetas huelen tan mal.

Cuando las jirafas compiten por comerse las hojas de los árboles, la que tiene el cuello más largo llega a las hojas más altas y consigue más comida, así que tiene más crías, que también tendrán un cuello más largo. Cuando los zorros compiten por cazar una presa, los más listos son los que cazan más, y tienen más cachorros, que también son listos. Y, cuando un zorro intenta cazar a una mofeta, le dará asco la que huela peor y la dejará en paz, así que la mofeta más apestosa sobrevivirá, ¡y tendrá crías superapestosas!

Es importante recordar que la evolución se produce a lo largo de muchas generaciones. **Las mofetas tardaron mucho en llegar a oler tan mal**, y los humanos y los elefantes de Flores también tardaron miles de años en volverse enanos. No sucedió de la noche a la mañana, como en los cuentos cuando te tomas una poción y al instante te encoges, o cuando un mago te hechiza y, de repente, un príncipe se transforma en una rana. De hecho, **el proceso fue tan lento que nadie se dio cuenta**. En cada generación, los humanos y los elefantes se volvían solo un poquito más pequeños... y, como ninguno vivía mil años, nadie advirtió lo que sucedía.

Esta es una de las grandes leyes de la vida: los pequeños cambios que nadie percibe se acumulan a lo largo del tiempo y dan lugar a grandes cambios. Esto sucede con la evolución y con muchas otras cosas de la naturaleza. Si observas cómo gotea el agua sobre una roca maciza, quizás pienses que la roca es mucho más fuerte que el agua, que resbala sin afectarla. Pero, si pudieras volver miles de años más tarde, verías que el agua ha hecho un hoyo profundo en la roca. Cada gota solo es una pequeña diferencia, pero, al cabo de millones de gotas, **el agua es más fuerte que la roca maciza.**

Piensa en tu crecimiento. Cuando te miras al espejo, nunca te ves crecer. Podrías pasarte una hora mirándote atentamente y no lo apreciarías, ni tampoco verías crecer tu pelo. Si te miras al espejo todas las mañanas, seguramente estás igual que el día anterior. Pero, dentro de veinte años, te verás completamente diferente. ¿Cómo es eso? ¿Hay un día que tomas una píldora mágica, te vas a dormir y al levantarte ya eres adulto? No, **vas cambiando un poquito todos los días** y, a lo largo de los años, esos minúsculos cambios dan como resultado tu crecimiento.

Y así es como crecemos. Así es como el agua hace un agujero en la roca. Y así es también como los humanos de la isla de Flores se convirtieron en enanos. Muy despacito, paso a paso.

Los humanos enanos vivieron en Flores muchos muchos años, pero la catástrofe que acabó con los demás tipos de humanos también se los llevó. Por ello, hasta hace muy poco tiempo, **nadie sabía que habían existido.** Bueno, casi nadie, porque algunas personas de Flores contaban historias sobre unos grupos de enanos que vivieron en lo profundo de la selva. Los lugareños los llamaban *ebu gogo*, que significa «abuela comelotodo», ¡porque los humanos diminutos de esos relatos comían absolutamente cualquier cosa! Aunque la mayoría de la gente creía que eran cuentos.

Pero, hace unos años, unos arqueólogos organizaron una excavación en una cueva de la isla de Flores. Los arqueólogos son científicos a los que les gusta excavar en sitios raros en busca de pistas sobre el pasado remoto. **Lo que encontraron en aquella cueva fue fascinante**: utensilios de piedra muy antiguos, restos de una hoguera, huesos de elefante y los esqueletos de varios seres humanos pequeños, que vivieron en la isla hace más de 50 000 años.

Al principio, los arqueólogos creyeron que eran esqueletos de niños, pero resultó que eran de adultos. ¡Así que los *ebu gogo* quizás no eran un cuento de hadas! **Érase una vez... unos enanos que vivían en la isla de Flores.** Estos antiguos humanos medían un metro, a lo sumo, y pesaban unos 25 kilos. Pero utilizaban herramientas e incluso cazaban elefantes enanos.

Flores

Sapiens

Neandertal

LA FAMILIA HUMANA

Mientras los humanos que se establecieron en la isla de Flores se volvían enanos, otra clase evolucionaba en Europa y en zonas de Asia, donde hacía mucho frío, así que estos humanos se adaptaron básicamente a ese clima. **Los científicos los llaman «los humanos del valle de Neander», o neandertales**, porque el primer vestigio de su existencia se halló en una cueva del valle de Neander, en Alemania. Los neandertales eran de la misma estatura que nosotros, pero más corpulentos y mucho más fuertes. Además, tenían un cerebro más grande que el nuestro.

¿Y qué hacían los neandertales con ese cerebro tan grande? No fabricaban coches ni aviones, ni escribían libros, pero sí creaban herramientas y joyas y, probablemente, muchas otras cosas. Igual nos llevaban ventaja reconociendo el canto de los pájaros o rastreando animales... O bailando y soñando. Quizás... O no. No lo sabemos.

Hay muchas cosas que no sabemos sobre el pasado y, cuando no estamos seguros de algo, siempre es mejor decir: «No lo sé». **En ciencia, decir «no lo sé» tiene una importancia especial.** Es el primer paso porque, hasta que no reconoces que no sabes algo, no empiezas a buscar la respuesta. Si ya lo sabes todo, ¿para qué molestarte en indagar?

En 2008, los arqueólogos hicieron otro descubrimiento sorprendente. Mientras exploraban la cueva de Denísova, en Siberia, encontraron un fragmento de hueso de un antiguo dedo humano. Pertenecía al meñique de una niña que vivió hace unos 50 000 años.

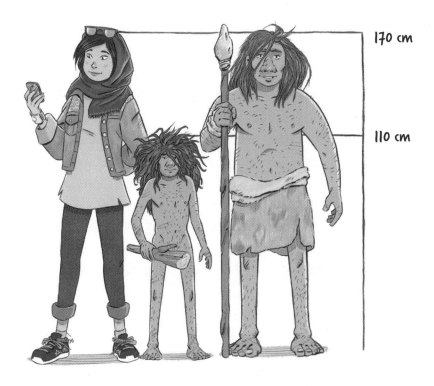

170 cm

110 cm

Cuando los arqueólogos lo examinaron detenidamente, se dieron cuenta de que **esa niña pertenecía a un tipo de humano desconocido hasta entonces**. No era neandertal, ni tampoco una enana de Flores, y también era bastante diferente a nosotros. Los arqueólogos llamaron a la niña y a su gente «denisovanos», por la cueva donde fue hallado el hueso.

Quizás te preguntes cómo podemos saber con seguridad que ese dedo perteneció a un tipo de humano desconocido y no, supongamos, a un neandertal. Pues bien, cada parte de nuestro cuerpo está formada por muchas células que, unidas, forman una nariz, un corazón o un dedo. **Cada célula contiene un minúsculo «manual de instrucciones» que le indica qué debe hacer** y que ordena a algunas que formen una nariz, y a otras, un dedo. Incluso tu saliva, tus huesos y las raíces de tu pelo contienen copias de este manual de instrucciones; de lo contrario, tu cuerpo no sabría cómo hacer saliva, más hueso o más pelo.

Este libro de instrucciones se llama ADN. No se ve a simple vista, pero, si tomas una gota de saliva, un trocito de hueso o unos pelos, y los pones bajo un microscopio muy potente, se ve enroscado en el interior de la célula. Y, si utilizas todo tipo de instrumentos especiales para ayudarte, puedes leer las instrucciones codificadas en el ADN. Si son de personas con la piel oscura, serán instrucciones para hacer piel oscura. Si son de personas de piel clara, serán indicaciones para hacer ese tipo de piel.

Así, si logras conseguir una sola copia del ADN de alguien, sabrás cosas sobre esa persona..., ¡aunque viviera hace mucho tiempo! Cuando alguien muere, **su ADN se puede conservar durante miles de años**, sobre todo en lugares fríos y secos.

En la cueva de Denísova, en Siberia, hace mucho frío y el ambiente es muy seco. Cuando los arqueólogos examinaron el hueso del meñique que habían desenterrado allí, lograron extraer un poco de ADN y leer su código. No era igual al de ningún tipo de humano

conocido. Así es como los científicos supieron que **la gente que vivió en la cueva de Denísova hace 50 000 años pertenecía a una clase de humanos diferente y desconocida hasta entonces.**

Imagina que, en un futuro lejano, todos los humanos de la Tierra han desaparecido y el mundo está dominado por unas ratas superlistas. ¡Un día, una rata arqueóloga podría excavar en una cueva y encontrar tu dedo! Y, solo gracias a él, las ratas sabrían que, en otros tiempos, en la Tierra vivieron humanos. Así que cuida bien tus dedos.

Antiguamente, en la Tierra vivieron otras muchas clases de humanos, además de los enanos, los neandertales y los denisovanos. Sabemos muy poco acerca de ellos porque no nos han llegado muchos huesos o artefactos, así que no podemos leer todo su ADN.

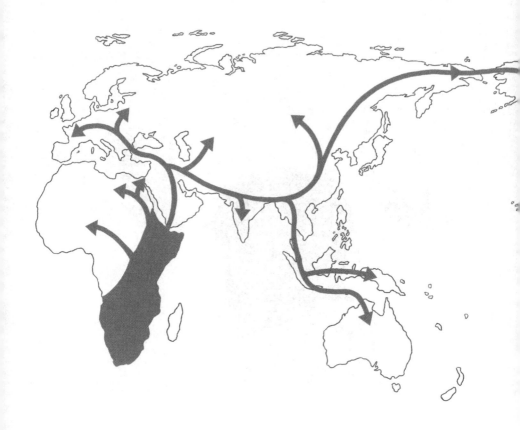

¿QUÉ TIPO DE HUMANO ERES?

S in embargo, había una clase de humanos antiguos sobre la que sabemos mucho. **Son nuestros antepasados**: nuestras tatarabuelas y tatarabuelos. En la época en la que los enanos vivían en la isla de Flores, los neandertales ocupaban Europa y los denisovanos moraban en las cuevas de Siberia, nuestros antepasados vivían básicamente en África.

Los científicos los llaman «*Homo sapiens*» o, para abreviar, «*sapiens*». ¿Por qué? Las palabras *homo* y *sapiens* son latinas. **El latín es una lengua antigua y compleja que ya no se habla.** Como es antiguo y complicado, suena casi como algo mágico y, por ello, cuando los científicos quieren que algo parezca muy importante, le ponen un nombre en latín. Lo hacen con las enfermedades, las medicinas, las plantas y los animales.

Supongamos que una científica habla de gatos y quiere que lo que dice suene muy serio. Pues no dirá «gato», sino «*Felis catus*», que en latín significa «gato astuto». Y a un ratón lo llamaría «*Mus musculus*», que en latín es «ratón pardo». Si en un libro lees la frase «un gato astuto caza a un ratón pardo», puede que pienses que es un cuento. Pero, si lees «*Felis catus* caza *Mus musculus*», creerás que se trata de un libro científico muy serio.

A los diferentes tipos de humanos también les pusieron sofisticados nombres en latín. Cuando los científicos hablan de los neandertales los llaman «*Homo neanderthalensis*». En latín *homo* significa «*humano*», y *neanderthalensis*, «del valle de Neander». Así que todo junto significa «humanos del valle de Neander». Y, cuando los científicos hablan de los humanos de Flores, los denominan «*Homo floresiensis*», o sea, «humanos de la isla de Flores».

Cuando los científicos buscaron un nombre para su propio tipo de humano, nos dieron uno en latín muy respetable: *Homo sapiens*. En latín, *sapiens* significa «sabio». Así que **Homo sapiens significa «humanos sabios»**. Decidimos llamarnos «humanos sabios», lo cual no es muy modesto de nuestra parte. Sobre todo, porque no está claro que los sapiens realmente seamos más sabios que los anteriores humanos. Pero ahí está, así nos llamamos: sapiens. Tú eres un sapiens, y todos tus amigos y familiares también. **Todos los habitantes del mundo actual son sapiens**: los alemanes son sapiens, los nigerianos también, igual que los coreanos o los brasileños.

Hace unos 100 000 años, nuestros antepasados sapiens vivían mayoritariamente en África. **Y tenían exactamente el mismo aspecto que nosotros hoy.** Por lo menos, si les hacías un buen corte de pelo y les ponías jeans y camiseta, en lugar de sus pieles de animales. Aunque esos antiguos sapiens todavía eran bastante diferentes de nosotros.

Como todos los demás humanos, los sapiens ya tenían fuego y herramientas de piedra, así que podían ahuyentar a los leones y cazar algunos animales grandes. Pero no sabían sembrar trigo, montar a caballo, ni construir carretas o barcos, y no tenían pueblos. Además, eran muy pocos. En toda África, los sapiens probablemente no llegaban a los 100 000. **Habrían podido meterlos a todos en un estadio de futbol enorme.** Por aquel entonces, el sapiens no era el animal más importante del planeta..., todavía no. Quizás lo eran las ballenas..., o las hormigas.

PRÓXIMA PARADA: SUPERSAPIENS

Hace unos 50 000 años, todo cambió. En la Tierra hubo una gran catástrofe, que acabó con los enanos de Flores, los neandertales, los denisovanos y todas las demás clases de humanos, excepto los sapiens. ¿Cuál? **No fue un asteroide del espacio exterior,** ni una erupción volcánica colosal ni un terremoto. No... Fueron nuestros tatarabuelos.

Unos 50 000 años atrás, **a nuestros antepasados les sucedió algo muy extraño** que los hizo superpoderosos. Te estarás preguntado qué fue... ¡Qué intrigante, verdad! Pero lo contaremos más adelante. ¡Tienes que seguir leyendo para llegar al fondo del misterio! Por ahora solo diremos que tuvo unos efectos asombrosos: los sapiens empezaron a extenderse por todo el mundo, y en cuanto llegaban a un nuevo valle o a otra isla, los demás tipos de humanos que vivían allí desaparecían.

Por ejemplo, cuando los nuevos supersapiens llegaron a Europa, recogían todas las peras y cazaban todos los ciervos. Como consecuencia, **a los neandertales lugareños no les quedaba nada que comer** y se morían de hambre. Y si algunos intentaban evitar que los sapiens acapararan toda la comida, estos seguramente los mataban.

Más tarde, nuestros antepasados llegaron a Siberia y le quitaron toda la comida a los denisovanos. Y luego fueron a la isla de Flores y... ¡Imagina! Pronto no quedaba ni un solo humano ni elefante enano allí. Y cuando **todos los demás humanos desaparecieron,** nuestros antepasados no se dieron por satisfechos. Todavía ansiaban tener más poder y más comida, así que a veces luchaban entre ellos.

UN NEANDERTAL EN LA FAMILIA

Como ves, los sapiens no somos animales muy bondadosos. **Podemos ser crueles con otros sapiens** solo porque su piel es de diferente color, porque hablan otro idioma, o porque creen en una religión distinta. Así que no debemos extrañarnos de que, cuando nuestros antepasados se encontraban con humanos completamente distintos, seguramente no los trataran muy bien.

No obstante, hace algunos años, unos científicos descubrieron que por lo menos algunos de nuestros antepasados sapiens no mataban ni dejaban morir de hambre a los demás humanos. ¿Te acuerdas del ADN? Este ADN revela no solo el color del pelo o la forma de los dedos, sino que también puede indicar exactamente quiénes son tus padres, y quiénes eran los suyos, y los suyos, y así hasta remontarnos miles de años atrás. Eso es porque **recibimos el ADN de nuestros padres**, que a su vez lo recibieron de los suyos, etcétera.

Cuando los científicos empezaron a leer el ADN de los neandertales descubrieron algo asombroso: ¡algunas personas que viven en la actualidad tienen instrucciones en su ADN de los antiguos neandertales! Es decir, aunque todas las personas que viven hoy en día son sapiens, algunos tenemos una tatarabuela o un tatarabuelo neandertal.

Es bastante fácil comprobar si tienes un antepasado neandertal. No tienes más que poner saliva en una probeta y mandarla a un laboratorio. **Cada gota contiene millones de copias de tu ADN.** En el laboratorio la examinarán, leerán tu ADN y te dirán qué partes provienen de un neandertal que tuvo hijos con tu tatarabuela hace 50 000 años.

Pero ¿por qué tu tatarabuela querría tener hijos con un neandertal? No lo sabemos, pero **quizás se enamoraron** y, aunque todos sus amigos se reían de él y todas las amigas de ella le decían que no saliera con un neandertal, el amor venció todos esos obstáculos.

O quizás un grupo de sapiens adoptó a un bebé neandertal huérfano después de que toda su familia muriera. Tal vez en otra ocasión un sapiens capturó a una chica neandertal y, aunque ella quería volver con su gente, la obligaron a quedarse con ellos. **Si los neandertales jóvenes crecían entre sapiens, más adelante podían tener hijos con una pareja sapiens.** Sin embargo, esto sucedía raras veces. En la mayoría de los casos, nuestros antepasados ahuyentaban a todos los neandertales con los que se encontraban.

¿Y SI...?

Es fascinante imaginar cómo sería el mundo si nuestros antepasados hubieran permitido que los neandertales y los enanos de Flores siguieran viviendo y desarrollándose. **¿Cómo serían las cosas?**

¿Habría niños neandertales muy fuertes en tu equipo de atletismo? ¿Tus vecinos de al lado serían inmigrantes enanos de la isla de Flores? ¿A los denisovanos se les permitiría votar en las elecciones? ¿Accederían los curas a bendecir el matrimonio de una neandertal con un sapiens? ¿Un neandertal podría ser sacerdote, rabino o imán?

¿Te gustaría tener un amigo neandertal?

Si los demás humanos hubieran sobrevivido junto con nosotros, quizás eso habría cambiado incluso la manera en que nos vemos. Hoy en día, la mayoría de los humanos nos consideramos seres muy especiales. Si intentas decir que **los humanos somos animales**, hay gente que se ofende, porque cree que somos completamente distintos.

La gente puede pensar eso porque, cuando los demás humanos desaparecieron, no había nada similar a nosotros en la Tierra. Era fácil imaginar que los sapiens no éramos como los demás animales. Pero, si los neandertales o los enanos de Flores hubieran sobrevivido, habría sido mucho más difícil que nos creyéramos únicos. Quizás por eso nuestros antepasados se deshicieron de todos los demás humanos.

Pero... ¿cómo consiguieron vencerlos? Los neandertales eran más fuertes, los denisovanos estaban mejor adaptados a las regiones frías y los enanos de Flores necesitaban menos alimentos... **Y, pese a todo, nuestros antepasados acabaron conquistando todo el planeta.** ¿Con qué superpoder contaban? 🖐

2

EL SUPERPODER
DE LOS SAPIENS

AVENTURAS ENTRE PLÁTANOS

¿Qué crees que ocurrió hace 50 000 años? ¿Qué superpoder adquirieron los sapiens que hoy nos permite dominar el planeta? La respuesta no es obvia. Superman, Wonder Woman y los demás superhéroes son poderosos porque son muy fuertes, rápidos y valientes. Pero **los sapiens no son más fuertes, rápidos ni valientes que los neandertales** o que muchos otros animales. En una pelea con un lobo, un cocodrilo o un chimpancé, un sapiens nunca tendría las de ganar. Incluso una vieja abuela chimpancé podría vencer al campeón mundial de boxeo.

La única razón por la que podemos ahuyentar a los lobos y encerrar a los chimpancés en zoológicos es porque **nosotros cooperamos en gran número**. Un humano no puede ganarle a un chimpancé, pero un millar de humanos pueden lograr cosas increíbles que los chimpancés ni siquiera sueñan. Y, gracias a nuestro superpoder secreto, cooperamos mejor que cualquier otro animal. Incluso con desconocidos.

Piensa, por ejemplo, en la última fruta que has comido. Quizás un plátano. ¿De dónde procedía? Si fueras un chimpancé, tendrías que ir al bosque y agarrarlo tú mismo. Pero, como eres humano, **normalmente cuentas con la ayuda de desconocidos**. Por lo general, alguien a quien nunca has visto ha cultivado ese plátano a miles de kilómetros de donde vives. Luego otros desconocidos lo han cargado en un camión, un tren o un barco, y lo han transportado hasta la tienda de tu barrio. Entonces tú has ido a la tienda, has elegido tu plátano y lo has pagado. Y así es como lo has conseguido.

¿Cuántas personas han tocado ese plátano? ¿A cuántas conoces? Tal vez a ninguna..., pero te han ayudado a conseguirlo.

Piensa en tu escuela. ¿Cuántas personas se necesitan para que exista? En primer lugar, muchos niños y niñas. Sin ellos, ¡no tendría sentido! **¿Cuántos hay en la tuya?** Luego necesitas profesores. Intenta contar cuántos hay en tu escuela. Y también están las personas que construyeron el edificio, las que lo limpian, las que sirven la comida en el comedor, la gente que genera electricidad para que tengas luz en el salón de clases, los que escribieron, editaron e imprimieron todos los libros de texto, y muchos muchos más. Así pues, ¿cuántas personas se necesitan para crear una escuela? **¿Y a cuántas de ellas conoces?**

Todos los grandes logros de la humanidad han sido fruto de la **cooperación entre centenares de miles de personas.** En 1969, Neil Armstrong fue el primer hombre que pisó la Luna. Llegó en una nave espacial, pero él no la creó.

Un sinfín de personas cooperaron para construirla: los mineros extrajeron hierro para hacerla, los ingenieros la diseñaron, los matemáticos calcularon la mejor trayectoria hasta la Luna, los zapateros hicieron unos zapatos especiales para que Neil Armstrong pudiera andar sobre ella, y los agricultores cultivaron plátanos para que los astronautas tuvieran comida en el espacio.

Las águilas vuelan porque tienen alas. **Los humanos vuelan porque saben cooperar en gran número. Esto es lo que nos hace tan poderosos.** Cooperamos con miles de desconocidos para disponer de plátanos, construir una escuela o volar a la Luna. Los chimpancés no saben hacerlo. No tienen tiendas donde comprar plátanos ni escuelas donde cientos de chimpancés aprenden juntos. No pueden volar a ninguna parte y menos a la Luna.

Los chimpancés no pueden hacer todo eso porque solo cooperan en número reducido y rara vez con desconocidos. Un chimpancé que quiera cooperar contigo necesitará conocerte en persona: ¿qué tipo de chimpancé eres? ¿Eres simpático? ¿Pareces de fiar? ¿Cómo va a cooperar contigo si no te conoce?

Si hicieras una lista de todas las personas a las que conoces muy bien, ¿cuántas serían? No la gente que ves en televisión o en las redes sociales, sino con las que te encuentras de vez en cuando. **Las que conocen tus secretos...** y tú los suyos. Si te atrapa una tormenta de nieve, o te has subido a un árbol para escapar de un oso, ¿quién vendrá a ayudarte?

Si eres como la mayoría de la gente, **en tu lista habrá menos de 150 nombres**. Los científicos han comprobado que prácticamente es imposible que los humanos entablen relaciones personales fuertes con más de unos 150 individuos.

Intenta contar a todas las personas con las que te ves en un día: las que te cruzas en la calle, las que viajan en el autobús contigo, las que van a tu escuela, las que compran en la misma tienda que tú, las que asisten a un partido de futbol contigo... ¿Cuántas te salen?

Si vives en una gran ciudad, como Londres o Tokio, probablemente habrás contado a miles de personas. Increíble, ¿no? Aunque solo conoces a 150 personas, llegas a ver a miles de desconocidos cada vez que vas a un centro comercial, a un estadio o a una estación de tren. Si intentaras meter ahí a miles de chimpancés, se armaría un buen lío. Pero miles de humanos se reúnen en ellos a diario y, en general, todos se comportan de un modo ordenado.

Y así es como nuestros antepasados sapiens vencieron a los neandertales y a los demás tipos de humanos hace miles de años. **Nuestros tatarabuelos eran los únicos que sabían cooperar en gran número, incluso con desconocidos.** Más cooperación significaba más ideas sobre cómo hacer herramientas, encontrar comida y curar heridas.

Los neandertales aprendían cosas y tenían ayuda de solo unos pocos amigos y parientes, mientras que los sapiens podían contar con un montón de gente a la que no conocían bien. Por ello, aunque un solo sapiens no era más listo que un solo neandertal, con el tiempo, los sapiens los aventajaron mucho en inventar utensilios y en la caza de animales. Y, si se armaba una pelea, 500 sapiens podían vencer fácilmente a 50 neandertales.

POR QUÉ LAS HORMIGAS TIENEN REINAS, PERO NO ABOGADOS

Solo hay otro tipo de animal que coopera en gran número: los insectos sociales, como hormigas, abejas y termitas. Igual que nosotros vivimos en pueblos y ciudades, las hormigas y las abejas viven en colonias y panales, que a veces albergan a muchos miles de individuos. Las hormigas cooperan para obtener alimentos, cuidar de las crías, construir puentes e incluso librar guerras.

Pero **hay una gran diferencia entre humanos y hormigas: las hormigas solo saben organizarse de un modo.** Si observas una colonia de cosechadoras en cualquier lugar del mundo, verás que todas están organizadas exactamente igual. En todas ellas las hormigas se dividen en cinco grupos: recolectoras, constructoras, soldados, nodrizas y reinas.

Las recolectoras salen en busca de cereales y cazan pequeños insectos, que llevan a la colonia como alimento. Las constructoras excavan túneles y erigen la colonia. Las soldado la protegen y luchan contra otros ejércitos de hormigas. Las nodrizas se ocupan de las crías, y las reinas gobiernan la colonia y ponen huevos de los que nacerán más crías.

Esta es la única manera en la que saben organizarse.

Nunca se rebelan contra su reina para convocar elecciones. Nunca hacen huelga para pedir aumento de sueldo. Nunca deciden firmar un tratado de paz con las colonias vecinas. Las nodrizas no dejan su trabajo para ser abogadas o cantantes de ópera. Nunca inventan nuevas comidas, armas o juegos. Las cosechadoras actuales son igualitas a las de hace mil años.

Al contrario de las hormigas, **los humanos cambiamos constantemente nuestra forma de cooperar.** Inventamos nuevos juegos, diseñamos ropa distinta, creamos nuevos empleos y tenemos revoluciones políticas. Hace 300 años, la gente jugaba con arcos y flechas a acertar una diana, y hoy jugamos con videojuegos. Hace 300 años, la mayoría de la gente era agricultora. Hoy somos conductores de autobús, peluqueros caninos, programadores informáticos y entrenadores personales. Hace 300 años, la mayoría de los países eran gobernados por reyes y reinas. Hoy, casi todos están gobernados por parlamentos y presidentes.

Así que los sapiens conquistamos el mundo porque sabemos cooperar en gran número y, además, podemos cambiar a menudo nuestra forma de hacerlo, lo que nos ayuda a inventar otras cosas. **¿Es este nuestro superpoder?** No exactamente. Para entender nuestro superpoder único como sapiens debemos plantear una última pregunta: ¿cómo aprendieron nuestros antepasados a cooperar en gran número y cómo podemos cambiar de comportamiento constantemente? La respuesta a ello es nuestro auténtico superpoder. ¿Cuál crees que sea?

ZOMBIS, VAMPIROS Y HADAS

Puede que la respuesta te decepcione un poco. Al ver la palabra «superpoder», quizás te esperabas algo como leer la mente, ver el futuro o hacerse invisible. Pero ya sabes que los humanos no podemos hacer nada de eso, así que este superpoder debe ser algo que todos tenemos, ¿verdad?

En realidad, nuestro superpoder es algo que usamos constantemente, pero que no consideramos un superpoder. Muchas personas incluso lo ven como un punto débil. Es... ¡redobles de tambor!, **nuestra capacidad de imaginar cosas** que no existen y de explicar todo tipo de historias. **Somos los únicos animales que pueden inventar y creer en leyendas, cuentos de hadas y mitos.**

Otros animales se pueden comunicar. Cuando un chimpancé ve a un león acercándose, puede gritar (en lengua chimpancé): «¡Cuidado! ¡Se acerca un león!», y todos los chimpancés huyen. Y, si uno

ve un plátano, puede decir en su lenguaje: «Mira, ¡ahí hay un plátano! ¡Vamos a tomarlo!». **Pero los chimpancés no pueden inventar cosas que no han visto, probado o tocado, como unicornios o zombis.**

Como los chimpancés, los sapiens podemos usar el lenguaje para describir lo que vemos, tocamos y probamos, pero también para inventar historias sobre cosas que no existen, como hadas y vampiros. Los chimpancés no saben. Ni siquiera los neandertales sabían.

¿Cómo adquirimos esta curiosa capacidad? No estamos seguros. Quizás algo en el libro de instrucciones del ADN de los sapiens cambió por error. Quizás dos partes del cerebro que estaban separadas empezaron a conectarse. Tal vez este error hizo que el cerebro de los sapiens empezara a generar historias muy raras. **A veces los errores dan lugar a cambios maravillosos.** Y este error no se dio en el libro de instrucciones del neandertal.

Quizás... o quizás no. Lo cierto es que no lo sabemos. Los científicos todavía están investigando este asunto.

Pero la pregunta realmente importante no es cómo consiguieron los sapiens la capacidad de contar historias, sino para qué sirve.

¿Por qué lo llamamos un superpoder? ¿Qué más da si los sapiens sabían inventar cuentos y los neandertales no? **¿De qué sirven los cuentos de hadas en un bosque peligroso?** Si un genio te ofreciera un

poder especial, ¿elegirías hacerte invisible o inventar cuentos de hadas?

De hecho, tal vez pienses que creer en cuentos puede ser un problema. Si los sapiens iban al bosque en busca de unicornios y espíritus, y los neandertales, de ciervos y setas, ¿no deberían ser los segundos los que sobrevivieran mejor?

Lo bueno de las historias es que, por absurdas que sean, ayudan a que la gente coopere en gran número. Si miles de personas creen en la misma historia, seguirán las mismas normas y cooperarán de manera eficiente. Incluso con desconocidos. **Gracias a los relatos, los sapiens cooperan mucho mejor que los neandertales, los chimpancés o las hormigas.**

EL ESPÍRITU DEL GRAN LEÓN

Supongamos que un sapiens cuenta a todo el mundo esta historia: «Hay un Espíritu de un Gran León, que vive por encima de las nubes. Si lo obedeces, cuando mueras irás a la tierra de los espíritus, y tendrás todos los plátanos que quieras. Pero, si no, ¡vendrá un gran león y te comerá!».

Por supuesto, esta historia no es verdad. Pero, si un millar de personas la creen, empezarán a hacer lo que ese relato les mande. Y ese millar de personas cooperarán fácilmente, aunque no se conozcan.

Si dices: «El Espíritu del Gran León quiere que todo el mundo se ponga a la pata coja», **¡mil personas se pondrán a la pata coja!**

Si dices: «El Espíritu del Gran León quiere que todo el mundo lleve una cáscara de coco en la cabeza», ¡mil personas se pondrán una cáscara de coco en la cabeza! (Lo cual es muy útil, ya que así es fácil saber quién cree en el Espíritu del Gran León y quién no).

Si dices que el Espíritu del Gran León quiere que todo el mundo se junte para luchar contra los neandertales, o para levantar un templo, un millar de personas cooperarán para hacerlo.

Si dices: «El Espíritu del Gran León quiere que todo el mundo dé un plátano al sacerdote del templo, y a cambio, cuando mueran, tendrán muchos plátanos en el mundo de los espíritus», un millar de personas lo hará.

¡Y el sacerdote tendrá una gran montaña de plátanos!

Esto es algo que solo los sapiens sabemos hacer. No puedes convencer a un chimpancé de que te dé un plátano prometiéndole que, cuando muera, se irá al cielo de los chimpancés, donde tendrá todos los plátanos que quiera. Ningún chimpancé te creería, porque solo los sapiens creen historias como esa. Y, por eso, dominamos el mundo, mientras que los pobres chimpancés están encerrados en zoológicos

¿Te suena raro? ¿Te cuesta creer que las historias controlan el mundo? Pues no tienes más que mirar cómo se comportan los adultos a tu alrededor. Hacen cosas muy raras, ¿verdad?

EL HOMBRE LEÓN

Algunos llevan sombreros rarísimos porque piensan que a un gran dios le gustan mucho. Otros se niegan a comer cosas deliciosas porque creen que un gran dios se lo ha dicho. Otros se irían a luchar contra gente del otro lado del mundo porque piensan que un enorme dios se lo ha dicho. Otros dan mucho dinero para construir un enorme edificio porque creen que un gran dios lo quiere.

Sus hijos podrían preguntar: «¿Para qué necesitamos este edificio? ¿Por qué tenemos que llevar estos sombreros tan raros? **¿Por qué tenemos que luchar contra gente** del otro lado del mundo?». Entonces sus padres les contarían las historias que todos los adultos creen, para que los niños empiecen a creer en ellas también.

No sabemos cuándo empezaron a inventar historias los sapiens, pero fue cuando los enanos de Flores y los neandertales todavía vivían junto con nuestros antepasados. No sabemos qué relatos contaban. Quizás historias sobre un Espíritu del Gran León que tenía aspecto de humano con cabeza de león.

En la cueva de Stadel, en Alemania, los arqueólogos encontraron una estatuilla con cuerpo humano y cabeza de león, que fue tallada por los sapiens hace unos 32 000 años. **Nunca ha existido un ser así,** de modo que el hombre león lo debió de inventar la gente que vivía en Alemania hace 32 000 años. No sabemos qué cuentos contaban sobre él, pero, si miles de personas los creían, eso los ayudó a cooperar. Y su cooperación sirvió para arrinconar a los neandertales que vivían en Alemania antes de que ellos llegaran.

Al final, la gente dejó de creer en el hombre león. Ese relato cayó en el olvido y la estatuilla fue desechada. Ahora, aunque los arqueólogos la han encontrado, **nadie conoce la historia del hombre león. Pero la gente de hoy en día cree en otras historias.** ⤳

HISTORIAS EN LAS QUE CREEN LOS ADULTOS

¿**H**as ido alguna vez a un parque, te has encontrado con niños que nunca habías visto, y al cabo de un rato ya estaban jugando juntos futbol? Seguramente te ha ocurrido, pero **el futbol es un juego bastante complicado**, con muchas reglas.

Cada niño podría querer seguir unas distintas. Uno podría esconder el balón y decir que gana el primero que lo encuentre. Otros dos niños podrían tomar el balón y empezar a pasárselo el uno al otro, y decir que así es como ellos juegan futbol, y que ahí no gana nadie. **¿Por qué todos los juegos van de ganar**, por cierto?

Si cada cual siguiera unas reglas distintas, ¿cómo podrían jugar futbol juntos? Por suerte, normalmente no tienes estos problemas, porque la mayoría de los niños cree la misma historia sobre el futbol. Todos aceptan que el objetivo es patear el balón para que pase entre los dos postes, que solo puedes lanzar el balón con los pies y que no debes tocarlo

nunca con las manos, salvo
que seas el portero. Que no puedes
dar una patada a otro jugador. Que el campo
tiene límites y que en cuanto el balón cruza uno de
ellos es «fuera» y pasa al otro equipo.

Pero **¿por qué todos los niños aceptan estas reglas?** Bueno, porque
sus padres y maestros les han contado la historia del futbol. Quizás
han visto a sus hermanos y hermanas mayores jugando, y seguramente han contemplado a famosos, como Lionel Messi y Megan
Rapinoe, jugando en televisión.

Del mismo modo, **los adultos pueden jugar a juegos muy complicados**, porque todos creen las mismas historias y siguen las mismas
reglas. Uno de los más interesantes se llama «corporación». Y es
mucho más complicado que el futbol.

¿Has oído hablar de él? ¿Conoces alguna corporación famosa?
Imagino que has oído hablar de McDonald's, ¿verdad? Pues es una
corporación. Al igual que Coca-Cola, Google, Facebook, Disney, Toyota, Mercedes y Ford. Si tu familia tiene un coche, lo ha fabricado
una corporación. Si comes cereal en el desayuno, o chocolate de
postre, mira el envase. Probablemente verás el nombre y el logo
de la corporación que los ha fabricado.

Quizás algún familiar tuyo trabaja para una. ¿Sabes cuál es? ¿Pero qué es exactamente una corporación? **¿Es algo que puedes ver, oír, tocar u oler?** Podrías pensar que sí, porque continuamente oímos hablar de ellas y de lo que hacen: contratan a gente, la despiden, contaminan el medio ambiente o inventan algo que podría salvar el mundo. Tienen que ser reales,

igual que un chimpancé o un plátano, ¿no? Echémosles un vistazo de cerca. McDonald's, por ejemplo. ¿Qué es exactamente?

No son las hamburguesas ni las papas fritas que a muchos niños les encantan. McDonald's hace hamburguesas, pero no es las hamburguesas en sí. **Si apareciera Godzilla y se comiera todas las hamburguesas, ¿qué le sucedería a la corporación McDonald's?** No mucho. Seguiría ahí y haría más hamburguesas.

¿Quizás McDonald's son los restaurantes donde te comes las hamburguesas y las papas fritas? Tampoco. Esta corporación tiene miles de restaurantes, pero eso no significa que sea sus restaurantes.

Un fuerte terremoto podría destruir todos los restaurantes McDonald's, y ni eso acabaría con la corporación. Construiría otros restaurantes y seguiría haciendo hamburguesas y papas fritas.

¿Pues quizás McDonald's es la gente que trabaja en los restaurantes? Los encargados, cocineros, camareros... No, tampoco. Supongamos que todos los trabajadores dejan su puesto porque se aburren o quieren ganar más dinero. McDonald's no desaparecerá.

Contratará a otras personas. Los trabajadores serían distintos, pero McDonald's seguiría siendo la misma.

Entonces tiene que ser la gente que contrata a los trabajadores, decide cuánto les pagarán y dónde abrirán nuevos restaurantes. Esos son los propietarios de McDonald's. **Cuando McDonald's vende muchas hamburguesas y gana mucho dinero, los propietarios se hacen ricos.**

Pero los propietarios de McDonald's cambian continuamente. Al principio, pertenecía a una sola familia. ¿Te imaginas cómo se llamaba?

Correcto, era la familia McDonald's. Richard y Maurice McDonald abrieron el primer restaurante en 1940, y le pusieron su apellido. Pero Richard y Maurice McDonald murieron hace años y la corporación McDonald's todavía existe. ¿La heredaron sus hijos? No, porque Richard y Maurice la vendieron a otras personas mucho antes de morir. Y estas otras personas la vendieron a otros, que la vendieron a otros.

Hoy en día hay miles de personas que son propietarias, todas ellas, de la corporación McDonald's. Cada una tiene solo una parte. Estas pequeñas partes se llaman «acciones», y, si quisieras, **tú también podrías comprar una acción de McDonald's.** Te costaría unos 200 dólares y serías uno de sus propietarios.

Y si compraras muchísimas acciones, podrías ser uno de

los principales propietarios, y podrías decidir que se abriera un Mc-Donald's en tu calle, o que se hiciera un nuevo tipo de hamburguesa con apio, o dar a los trabajadores el doble de dinero cada mes. ¿Pero significaría eso que eres McDonald's? No. La gente compra y vende acciones de McDonald's continuamente, los propietarios cambian una y otra vez, pero McDonald's sigue siendo lo mismo. **La corporación McDonald's no son sus propietarios.**

Por lo tanto, aún no sabemos qué es McDonald's, ¿verdad? ¿Adónde podrías ir si quisieras verla, oírla, tocarla u olerla? No puedes. Puedes mirar restaurantes, hablar con los cocineros y oler las hamburguesas, pero eso no es McDonald's. McDonald's no es real, como lo son un chimpancé o un plátano. **McDonald's es una historia que los adultos se creen, pero que solo existe en nuestra imaginación.** La creamos con nuestro superpoder especial de sapiens.

Quizás nuestros antepasados creían que había un Espíritu del Gran León que los podía ayudar a encontrar plátanos. Pues, exactamente del mismo modo, ahora los adultos creen que hay un gran espíritu llamado McDonald's que puede abrir restaurantes, pagar a los empleados y ganar mucho dinero.

CÓMO AYUDAN LAS HISTORIAS

¿Por qué la gente inventó una historia tan extraña sobre un espíritu llamado McDonald's? Porque este relato es muy útil. Durante la mayor parte de la historia, solo las personas reales podían abrir restaurantes, pagar a los empleados y ganar dinero. Pero, si algo iba mal, la persona propietaria del restaurante tenía un gran problema.

Por ejemplo, ¿qué sucedía si pedías dinero prestado para abrir un restaurante, pero nadie entraba a comer y no podías devolver el dinero? Tenías que vender tu casa, tus zapatos e incluso tus calcetines para hacerlo. **¡Podías terminar durmiendo desnudo en la calle!** O, si alguien comía ahí y luego se ponía muy enfermo, te podía culpar a ti y podías terminar en prisión. Así que a la gente le daba miedo abrir restaurantes o empezar cualquier tipo de negocio. ¿Por qué arriesgarse tanto?

Por eso, **unas personas con mucha imaginación se inventaron la historia de las corporaciones**. Si quieres abrir un restaurante, pero no quieres arriesgarte a perder tus calcetines o a ir a la cárcel, creas una corporación. Y entonces ella lo hace todo y asume todos los riesgos.

La corporación pide dinero prestado al banco y, si no puede devolverlo, nadie te culpa a ti, **nadie te puede quitar tu casa ni tus calcetines**. El banco le dio el dinero a la corporación, no a ti. Y, si alguien se come una hamburguesa y luego le duele mucho el estómago, nadie te puede hacer responsable. Tú no hiciste la hamburguesa, la hizo la corporación.

Las corporaciones son útiles para muchas otras cosas. Supongamos que el padre de Tina pregunta: «¿Quién ha manchado el suelo de barro?». Tina podría responder: «Yo no. Fue la Corporación Tina». La vida sería mucho más fácil, ¿no? Pues esto es precisamente lo que hacen los adultos. Siempre que les echan la culpa de algo grave, como contaminar el mundo, dicen: «No fui yo. Fue la corporación.».

Si esto te parece muy confuso, es normal. La historia de las corporaciones como McDonald's es muy muy complicada. Incluso la mayoría de los adultos se confunden cuando les pides que te la cuenten.

Solo unas personas especiales la saben contar bien, y se llaman «abogados».

¿Sabes cómo se creó la corporación McDonald's? No fue cuando Richard y Maurice McDonald frieron su primera hamburguesa ni cuando pusieron el primer ladrillo de su primer restaurante. No se creó cuando el primer cliente entró y les pagó un dólar. No, **se creó cuando un abogado hizo una extraña ceremonia** y le contó a todo el mundo una historia: la historia de la corporación McDonald's.

Para contarla bien, el abogado primero tenía que ponerse unas prendas ceremoniales especiales, también conocidas como «traje». **Si vas a contar a la gente una historia importante, debes tener un aspecto imponente.** Luego el abogado abrió un montón de libros viejos escritos en un idioma que nadie entiende salvo ellos: la jerga legal (que es muy parecida al latín y de hecho ha tomado muchas palabras de él: «legal» viene del latín *legalis*).

El abogado buscó en esos libros viejos las palabras exactas que había que pronunciar para crear McDonald's y entonces las anotó en una bonita hoja de papel para que no cayeran en el olvido. Acto seguido, el abogado levantó ese papel y leyó la historia en voz alta ante mucha gente.

Nadie veía la corporación McDonald's ni la oía u olía, pero todos los adultos estaban convencidos de que existía realmente, porque todos habían oído la historia que el abogado había contado y todos la creyeron.

Así es como se creó McDonald's. Y así es como se crearon todas las demás corporaciones: Google y Facebook, Mercedes y Toyota. Todas son historias que los adultos creen. **Y, como todo el mundo cree estas historias, mucha gente puede cooperar.**

EL PODER DE UN TROZO DE PAPEL

Hoy en día, unas 200 000 personas trabajan para la corporación Mc-Donald's, que gana unos 6 000 millones de dólares todos los años. ¡Eso es mucho dinero! Y todos los trabajadores están dispuestos a hacer lo que McDonald's les diga que hagan, porque la corporación les da una parte de su dinero.

Entonces ¿qué es este dinero que todo el mundo tanto quiere? Bien, el dinero también es solo una historia que creen los adultos. Echa un vistazo al dinero: a un billete de dólar, una rupia o un billete de cinco euros. ¿Qué es? Un simple trozo de papel. No puedes hacer nada con él. No te lo puedes comer, ni beber ni ponértelo para vestir.

Pero entonces llegaron unos grandes narradores llamados «banqueros» y «políticos», que son más poderosos aún que los abogados. Los adultos tienen mucha fe en los banqueros y los políticos, y se creen casi cualquier historia que cuenten. Explican historias como que **«este pedacito de papel vale diez plátanos»** y todos los adultos les creen. Y, mientras todo el mundo lo crea, ese pedacito de papel realmente vale diez plátanos. Puedes llevarlo a una tienda, dárselo a un desconocido y él te dará plátanos reales.

Por supuesto, podrías usar ese papel para comprar otras cosas. Podrías comprar cocos, libros o lo que quisieras; podrías ir a un McDonald's y comprar una hamburguesa.

Esto es algo que los chimpancés no saben hacer. Ellos se dan cosas, como carne y plátanos. Y a veces se hacen favores: uno le rasca la espalda a otro, y este le quita pulgas o espinas al primero.

Yo te rasco la espalda y tú me la rascas a mí. Pero, si un chimpancé le diera un billete a otro, esperando un sabroso plátano a cambio, los demás se quedarían pasmados. **Los chimpancés no creen en el dinero** y menos aún en las corporaciones.

Así es como las historias hacen posible que miles de desconocidos cooperen. **Sin la historia del futbol, no conocerías las reglas**

del juego. Podrías patear un balón junto con otros niños, pero no podrías jugar futbol. Sin las historias sobre las corporaciones y el dinero, no podrías ir a un McDonald's a comprar una hamburguesa.

UN FRASCO DE ACEITE PEQUEÑITO PERO MUY PODEROSO

—

En fin, el superpoder de contar historias nos dio la capacidad de cooperar en gran número. Pero eso no es todo. Este superpoder también nos permite cambiar muy rápidamente la manera en la que cooperamos. Tal y como hemos visto antes, las hormigas también cooperan en gran número, aunque no inventan historias. Pero ellas casi nunca cambian su comportamiento. Durante miles de años, todas las hormigas han hecho exactamente las mismas cosas, como servir a la hormiga reina. En cambio, **los humanos pueden cambiar muy rápido su forma de comportarse**, modificando las historias en las que creen.

Por ejemplo, durante muchísimos años, **Francia fue gobernada por reyes, porque la gente creía que un gran dios había dicho que Francia debía ser gobernada por uno** y que todos los franceses debían hacer lo que él ordenaba. ¿De verdad un dios lo había dicho? Seguramente no. Solo era un cuento. Pero, **mientras los franceses lo creyeron, todos obedecieron a su rey**. Y él disfrutó mucho con ello.

¿Cómo sabía la gente quién debía ser rey? Sobre esto había otro relato, uno muy muy extraño. Según él, cuando el gran dios eligió a un valiente guerrero para que fuese el primer rey de Francia, hizo un milagro asombroso para mostrar su decisión: desde el cielo, envió a una paloma con un frasquito de un aceite muy especial. Nadie lo vio, pero un sacerdote mostró a la gente un frasquito y dijo que procedía del cielo, y **la gente más o menos lo creyó**. Y, cuando fueron a coronar al nuevo rey, el sacerdote vertió ese aceite del cielo sobre su cabeza.

Y, a partir de entonces, cada vez que un rey moría y la gente coronaba a su hijo como el nuevo rey de Francia, le ungían la cabeza con un poco de ese aceite especial. **Sin aceite, no había rey.** Y ese frasquito lo guardaban a buen recaudo.

SOLO CHICOS

La historia del aceite celestial ayudó a convencer a los franceses de que su rey era un enviado del gran dios. Por ello, cada vez que el rey ordenaba a su pueblo que le dieran comida, ellos se la daban a montones y él recibía **una montaña de manzanas, baguetes y quesos olorosos**, aunque mucha gente pasara hambre. Y, cuando les decía que le construyeran un palacio, iban y le levantaban un palacio enorme, aunque muchos vivieran en pequeñas chozas. Y, cuando les decía que fueran a luchar contra otros reyes, tomaban las espadas y los escudos y se iban a luchar, y muchos morían.

Y si alguien no quería hacer lo que el rey ordenaba, la gente decía: «¡Pero si le pusieron el aceite celestial en la cabeza! ¡Debemos obedecerlo!».

Quizás te estés haciendo una pregunta. El frasquito era muy pequeño y no contenía mucho aceite. Después de coronar a varios

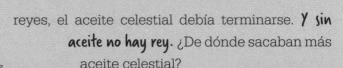

reyes, el aceite celestial debía terminarse. **Y sin aceite no hay rey.** ¿De dónde sacaban más aceite celestial?

¿Qué harías tú si fueras el hijo del rey y necesitaras que en el frasquito quedara aceite para ser el nuevo rey? ¿Se te ocurre algo? ¿Sí? Pues probablemente los reyes de Francia tuvieron la misma idea.

Lo cierto es que, cada vez que iban a coronar a un nuevo rey, en el frasquito quedaba aceite suficiente. Y los franceses creían que eso era otro milagro: demostraba que al gran dios le gustaba el nuevo rey.

¿Y si un día la hija del rey decía que quería que le pusieran el aceite celestial a ella, para gobernar Francia? Pues la gente se reía.

«Tú no puedes gobernar Francia», le decían, «porque al gran dios no le gustan las chicas. El gran dios es chico, así que hizo a los chicos más listos y más valientes que las chicas. Así que una chica no puede gobernar el reino de Francia. **Solo pueden los chicos**».

Y, como la gente se creía esa historia, no dejaban que las chicas fueran gobernantes. De hecho, no las dejaban hacer muchas cosas: no podían ser capitanas de barco, ni juezas, ni siquiera ir a la escuela.

El relato del aceite celestial tuvo una gran importancia, porque ayudó a decidir quién diría a millones de personas lo que debían hacer. El pueblo de Francia creyó esa historia, y **durante más de mil años Francia estuvo gobernada solo por reyes ungidos.**

Pero, al final, algunas personas sabias empezaron a darle vueltas. «Oye, **esta historia no tiene pies ni cabeza**», dijo uno. «Ningún dios dice que Francia debe ser gobernada por reyes, ni que los chicos sean mejores que las chicas. **Los reyes y sus hijos la inventaron para que la gente hiciera lo que ellos dicen**».

«Exacto», coincidió otro. «¿Y por qué cree la gente que deben ungirte la cabeza para poder gobernar? ¡Menuda tontería! ¿Y alguien cree en ese milagro de que el aceite del frasquito no se termina nunca? ¡Patrañas! Cuando iban a coronar a un nuevo rey, probablemente un sirviente se colaba donde guardaban el frasco y ¡le echaba un poco de aceite normal, del de cocinar!».

Los franceses se enojaron mucho por haber creído esa tontería durante tantos años y por haber permitido que esos reyes se llevaran sus olorosos quesos y los mandaran a luchar en guerras atroces. Así que capturaron al rey y le cortaron la cabeza. Encontraron el frasquito y lo rompieron en pedazos..., y no bajó ningún dios para castigarlos. A esta época, cuando **los franceses dejaron de creer en los reyes**, los historiadores la llaman la «Revolución francesa».

Hoy en día, Francia ya no tiene rey. La gente elige a quien quiere para que sea presidente de Francia (y no hace falta que te unjan la cabeza para serlo). Si dentro de unos años a la gente deja de gustarle el presidente, pueden elegir a otro en su lugar. Y cualquiera puede serlo, tanto chicas como chicos.

Obviamente, los franceses, como la gente de todo el mundo, todavía cree en cuentos raros. En el de las corporaciones, por ejemplo, y en historias sobre cosas complicadas, como nacionalismo y democracia, de las que hablaremos en otra ocasión. Pero hay dos cosas importantes que recordar: **la gente necesita historias para cooperar y puede cambiar la manera de hacerlo sustituyendo las historias en las que creen.** Por eso somos mucho más poderosos que las hormigas. Este es nuestro superpoder. ➳━▻

UNA BANDA DE NARRADORES DE HISTORIAS

Así es como nuestros antepasados conquistaron el mundo: con historias. Ningún otro animal cree en ellas. Solo creen en las cosas que realmente pueden ver, oír o tocar. Un chimpancé cree que está en peligro cuando ve que una serpiente se le acerca: ¡mejor huir! Cree que hay una tormenta cuando oye un trueno: ¡hora de bañarse! Cree que hay leones cerca cuando huele sus excrementos: ¡puaj! Cree que el fuego quema cuando toca una rama ardiendo: ¡ay! Y cree que los plátanos están ricos cuando se come uno: ¡ñam, ñam!

Los sapiens también podemos hacer todo eso, claro, pero, como creemos en las historias, podemos hacer muchas más cosas. Por ejemplo, cuando nuestros antepasados se dispersaron por todo el mundo, cada vez que encontraban a los neandertales, a los enanos de Flores o a algún animal muy peligroso, un gran jefe tal vez les contaba historias para darles valor. «El Espíritu del Gran León quiere que nos libremos de los neandertales», dijo quizás el jefe. «Los neandertales son muy fuertes, pero no se preocupen. Aunque un neandertal los mate, eso es bueno, porque irán más allá de las nubes, y allí el espíritu del Gran León los recibirá y les dará de **comer montones de arándanos y filetes de elefante**».

Y la gente se lo creía y cooperaba para librarse de los neandertales. Sí, **los neandertales eran muy fuertes, pero 50 neandertales nada podían contra 500 sapiens que sumaban sus fuerzas.**

Esta fe en las historias proporcionó a nuestros tatarabuelos tanto poder que se extendieron por todo el mundo y conquistaron todas las regiones, los valles y las islas del planeta.

¿Y **qué hicieron luego**? ¿Qué vida llevaban hace miles de años? ¿Qué hacían cuando se levantaban? ¿Qué comían? **¿Qué aficiones tenían?** ¿Les gustaba pintar? ¿Qué tipo de ropa y de casas tenían? ¿Los hermanos mayores se burlaban de sus hermanas pequeñas? ¿La gente se enamoraba? **¿Su vida era mejor o peor que la nuestra?**

En el siguiente capítulo, intentaremos responder preguntas como estas y muchas más. Explicaremos cómo vivían nuestros antepasados hace miles de años y de qué manera eso todavía influye en lo que nos gusta, lo que tememos y lo que creemos hoy en día. 🖐

3

CÓMO VIVÍAN NUESTROS ANTEPASADOS

LOS DULCES EN LA EDAD DE PIEDRA

Hace miles de años, nuestros tatarabuelos vivían de forma muy distinta a nosotros, pero su forma de vida ha determinado la actual. Cuando temes a los monstruos por la noche, eso es un recuerdo de nuestros antepasados. Cuando te levantas por la mañana, desayunas y sales a jugar con tus amigos, a menudo también sigues hábitos creados por nuestros antepasados en las sabanas del África de la Edad de Piedra.

¿Te has preguntado por qué comemos cosas que son malas para la salud, como muchos helados o pasteles de chocolate? **¿Por qué las cosas poco saludables son tan ricas?**

La respuesta es que nuestros cuerpos creen que aún vivimos en la Edad de Piedra, cuando era lógico atiborrarse de alimentos dulces y grasos. Nuestros antepasados no tenían supermercados ni neveras. Cuando sentían hambre, acudían a bosques y ríos en busca de algo que comer. ¡Y no encontraban un **árbol de helados ni un río de refrescos!** Lo único dulce que había era la fruta madura y la miel. Cuando las encontraban, lo más inteligente era comer toda la que pudieran y lo más rápido posible.

Supón que un grupo de recolectores de la Edad de Piedra iba en busca de comida y daba con una higuera llena de deliciosos higos maduros. Algunos de ellos comían unos pocos higos y decían: «Ya es suficiente. Nosotros cuidamos nuestro peso». Los demás no podían decir nada porque tenían la boca llena de higos. **Comían sin parar hasta casi reventar.** Al día siguiente volvían a esa higuera, pero ya no quedaban higos porque un grupo de babuinos se los habían zampado todos. Los humanos que

habían comido un montón de higos aún se sentían un poco llenos, pero los que habían comido solo unos pocos tenían ya hambre.

Los arqueólogos han encontrado numerosas estatuillas de esa época, y muchas son de mujeres muy redondas. A una especialmente bonita la llamaron la **«Venus de Willendorf»** (aunque no sabemos cómo la nombraban hace 30 000 años). **En la época de esa Venus, la grasa corporal era un signo de salud y éxito.** Sobra decir que la mayoría de las personas de la Edad de Piedra no eran como ella, igual que hoy la mayoría de la gente no es como las modelos. Pero todo el mundo sabía que debía comer tanto dulce como fuera posible. ¡Era bueno! Un padre de la Edad de Piedra podía reñir a su hijo diciéndole: «¡Deja de comer esas hojas de lechuga mustias y cómete estos dulces!».

Nosotros hemos heredado la tendencia a comer dulces de nuestros antepasados. En el libro de instrucciones del ADN de nuestros cuerpos, dice en mayúsculas: **«Si encuentras algo dulce, ¡come todo lo que puedas y lo más deprisa posible!».**

Desde los tiempos de la Venus de Willendorf han cambiado muchas cosas. Ahora la mayoría de la gente no tiene que andar durante horas en busca de algo que comer. Cuando tenemos hambre, vamos a la cocina, abrimos el refrigerador y miramos adentro. Pero, cuando vemos un pastel de chocolate, **aún reaccionamos igual** que los recolectores de la Edad de Piedra ante una higuera.

Nuestro cuerpo lee el libro de instrucciones y empieza a gritar: «¡Hemos encontrado una cosa dulce! ¡Vamos a comer todo lo que podamos y lo más rápido posible! ¡Deprisa! ¡O se nos adelantarán los babuinos!». **El libro de instrucciones está desfasado, pero nuestro cuerpo no lo sabe.** Nuestro cuerpo no sabe que ahora vivimos en pueblos y ciudades, y no en la salvaje sabana; que hay cosas como refrigeradores y pasteles de chocolate, y que ya no tenemos babuinos cerca.

Así que nos comemos todo el pastel de chocolate, y al día siguiente vamos al supermercado y compramos otro. Y cuando abrimos la puerta del refri nuestro cuerpo vuelve a gritarnos: «¡Increíble! ¡Un dulce! ¡Cómetelo todo!». No importa cuantas veces abramos el refrigerador y encontremos un pastel de chocolate, nuestro cuerpo no aprende. Siempre reacciona como si acabara de encontrar una higuera en la sabana. **Cuesta mucho recordarnos que ya no estamos en la Edad de Piedra**, y lo que era perfectamente lógico entonces ahora no es buena idea.

Por eso es tan importante averiguar cómo vivían nuestros tatarabuelos. Si lo sabemos, podremos explicar muchas cosas de cómo nos comportamos hoy.

JÓVENES ARQUEÓLOGOS

Desafortunadamente, es mucho lo que ignoramos sobre cómo vivían nuestros antepasados. Sabemos que podían cooperar en gran número y que esta era su gran ventaja sobre los neandertales, leones y osos. Pero ¿vivían en grandes grupos? Por ejemplo, ¿quinientas personas vivían juntas en una cueva muy grande? ¿O cada familia vivía en una cueva aparte y se juntaban solo cuando tenían algo importante que hacer juntos? **¿Vivían en cuevas? ¿Tenían familias?**

Empecemos por las cuevas. En general, imaginamos a nuestros antepasados de la Edad de Piedra viviendo en cuevas. Eso es porque muchas de las cosas que dejaron se han encontrado en ellas: utensilios de piedra, huesos y pinturas murales. Como la famosa imagen de un caballo salvaje pintada hace 17 000 años en la cueva de Lascaux, en Francia.

Esa cueva no fue descubierta por arqueólogos profesionales. La encontraron cuatro niños franceses que daban un paseo por el bosque, vieron un agujero en el suelo y decidieron investigar. Primero lanzaron piedras, para ver si era muy hondo, y comprobaron que daba paso a una cueva profunda. Así que se metieron y avanzaron por un empinado túnel de arcilla resbaladiza, hacia la oscuridad y lo desconocido. ¡Fueron muy valientes! Su coraje tuvo recompensa, ya que descubrieron una gran sala con centenares de pinturas antiguas en sus muros. **Fue uno de los mayores descubrimientos arqueológicos del siglo xx.**

No era la primera vez que unos chicos descubrían algo tan asombroso. Sesenta años antes, un arqueólogo llamado Marcelino Sanz de Sautuola exploró la cueva de Altamira, en España, acompañado de su hija María Justina, de ocho años. Marcelino estaba entretenido estudiando atentamente los bultos del suelo porque buscaba huesos y herramientas de piedra. Pero **María se aburría, así que...**

empezó a mirar las paredes y el techo, y de pronto exclamó: «¡Mira, papá, toros!». Marcelino levantó la vista y vio las admirables pinturas de bisontes y otros animales por toda la cueva.

Pero **solo porque hayamos encontrado muchas de sus cosas en cuevas no significa que los antiguos vivieran en ellas** de forma habitual. De hecho, raramente lo hacían: solían acampar al aire libre, construían cabañas de madera o hacían tiendas con ramas y pieles de animales. ⤳▭

NO HAY LUGAR COMO EL HOGAR

En Ohalo, en la costa del mar de Galilea, Israel, los arqueólogos encontraron un buen ejemplo de un antiguo campamento donde la gente vivió hace 23 000 años. Había seis cabañas de ramas y paja, cada una con una hoguera delante. **Seguramente tardaron solo unas pocas horas en construir esas cabañas.** Los arqueólogos también hallaron herramientas de piedra, huesos e incluso un vertedero con restos de comida. Por ellos sabemos qué comía la gente de Ohalo: reptiles, pájaros, gacelas, ciervos, ocho clases distintas de peces, fruta y verdura muy variada y otras plantas, como trigo, cebada y almendras, estas tres silvestres.

Las cabañas estuvieron ocupadas un tiempo, pero luego las quemaron. Quizás fue un accidente, o tal vez los habitantes se cansaron de Ohalo y decidieron irse a otro lugar. Por suerte, poco después de que se fueron, aquel espacio se inundó y quedó cubierto por una gruesa capa de barro arcilloso. Cuando se endureció, **lo conservó todo tal y como estaba.** Así es como, tantos años después, sabemos cómo era el campamento de Ohalo ¡y qué había en su vertedero!

Seguramente había miles de campamentos como el de Ohalo por todo el mundo **y la mayoría de la gente vivía en asentamientos de ese tipo.** Pero casi todos han desaparecido sin dejar rastro: el viento y la lluvia descompusieron la madera, y las hormigas y chacales se comieron los restos de comida. La mayoría de las cosas que han llegado hasta la actualidad son los escasos objetos que dejaron en las cuevas, donde estaban protegidos de los chacales y las tormentas.

Así que, sí, **la gente se metía en las cuevas de vez en cuando, pero no vivían en ellas todo el tiempo.** No eran cavernícolas.

Imagina que un asteroide chocara contra la Tierra en un futuro distante y destruyera todos los edificios: casas, escuelas, fábricas y museos. Lo único que quedaría serían los túneles más profundos del metro. Y el único arte humano que subsistiría serían los grafitis, mapas y anuncios de las paredes de las estaciones. Si algún día unas ratas superlistas dominaran el mundo, ¿qué pensarían los científicos rata del futuro? **¿Nos llamarían «tunelícolas»?**

LA FAMILIA DE LA EDAD DE PIEDRA

¿Y cómo eran las familias en la época de la Venus de Willendorf o de los pobladores de Ohalo? ¿Cada cabaña era el hogar de una familia? ¿Y qué era una «familia»? ¿Un hombre y una mujer que vivían juntos toda su vida y criaban solo a sus propios hijos?

La verdad es que no lo sabemos. Mucha gente supone que los humanos siempre han vivido en familias formadas por una madre, un padre y los hijos que han tenido juntos, pero en realidad no es así, ni de lejos. Hoy **hay muchos tipos de familia en el mundo**: solo

echa un vistazo a tus compañeros de clase. ¿Todo el mundo vive con su madre y su padre? Seguramente no.

Hoy hay personas que tienen una pareja durante toda su vida, algunas tienen muchas y otras están solteras. En unos pocos países, como Arabia Saudí, un hombre puede estar casado con varias mujeres al mismo tiempo. En otros, como Estados Unidos, dos mujeres pueden casarse, al igual que dos hombres.

Algunas personas tienen un hijo; otras, diez; y otras son felices sin hijos. Algunos niños se crían con una sola madre, o un solo padre, o quizás con sus abuelos. Otros son adoptados, y los hay con dos padres o dos madres. Hay padres que se separan, y más tarde encuentran otra pareja, así que un niño puede tener una madre, un padre y también un padrastro y una madrastra. Hay familias con decenas de tías, tíos, primos y abuelos que viven juntos. Así que puedes compartir habitación con tu primo y no con tu hermano, y puede ser tu tío o tu abuela quien te prepara el desayuno todos los días. **¡Hay muchas posibilidades!**

También nuestros primos los simios tienen una gran diversidad de estilos de vida. Los gibones suelen vivir en parejas: cuando un

macho y una hembra se juntan suele ser por muchos años. Viven solos, en su zona del bosque, cuidando de sus crías.

Entre los gorilas es más habitual que un macho viva con muchas hembras y todas sus crías. **Cada cría de gorila tiene una madre distinta, pero todas comparten el mismo padre.**

A los orangutanes les gusta estar solos, disfrutando en paz de su soledad, tal vez simplemente sentados en un árbol mirando la puesta de sol. Las madres orangután casi siempre son madres solteras que crían a sus pequeños solas, sin ningún padre cerca. Y cuando las crías se hacen mayores, se van para vivir solas. **Eso no las entristece: ¡les gusta vivir así!**

Los chimpancés son justo lo contrario: viven en grandes y ruidosas comunidades de machos y hembras. Y, a diferencia de los gibones, no forman parejas estables. **Las crías de chimpancé permanecen**

muy cerca de su madre, pero normalmente ni siquiera saben quién es su padre. De hecho, no entenderían lo que significa «padre». En los chimpancés comunes, los machos suelen andar juntos, y los más dominantes controlan a todo el grupo. En los bonobos, las hembras forman amistades muy fuertes, se ayudan entre sí a criar a los pequeños y les dicen a los machos adultos lo que tienen que hacer. Las hembras bonobo no sueñan con casarse con un príncipe guapo, ¡normalmente prefieren a una amiga cool!

Los monos tienen muchos tipos de familias, al igual que los humanos hoy. Pero ¿y los humanos de la Edad de Piedra? Si estudiamos los restos de las cabañas de Ohalo, **podemos imaginar varias posibilidades.**

Quizás cada cabaña fuera el hogar de una familia con un padre, una madre y sus hijos; tal vez cada familia construyó su cabaña, preparaba su comida y dormía junta. Los vecinos podían pasar a verlos, pero luego se iban a su cabaña. Si dos personas se enamoraban y decidían empezar a vivir juntas, a lo mejor se hacía una gran ceremonia de boda, para que todo el mundo lo supiera, y luego construían una cabaña nueva, solo para ellos. Quizás era así.

O quizás era un poco distinto. Un hombre, una mujer y sus tres hijos podían vivir en una cabaña. En otra tal vez estaban una mujer con dos hijos, más su pareja del momento con sus dos hijos. En la cabaña número 3, una mujer con su hija. En la número 4, una mujer, sus tres hijos y su novia del momento. En la número 5, tres personas mayores vivían juntas sin hijos. Y en la número 6 un hombre vivía solo.

O quizás era completamente distinto. Puede que no hubiera una separación clara en las familias y la gente viviera en lo que se conoce como una comuna. Cuando la comuna llegaba a un nuevo lugar y montaban el campamento, todos trabajaban juntos, construían varias cabañas y tiendas, y **todos dormían y comían donde querían**. Quizás la primera noche dormías en una cabaña, pero, como alguien roncaba, la noche siguiente te ibas a otra.

Cuando alguien de la comuna te gustaba mucho, juntaban las camas en la misma cabaña, y eso era todo. No hacía falta invitar a todos tus aburridos parientes para hacer una gran boda, ni tomarte la molestia de construir una cabaña nueva y acumular cosas. Cuando alguien dejaba de gustarte, no tenías que contratar abogados de divorcio carísimos que se peleaban por quién se quedaba la cabaña y luego te decían dónde tenías que firmar en un montón de documentos. Solo agarrabas tu cama y te ibas. De hecho, **puede que ni siquiera hubiera una cama porque la gente dormía en el suelo**.

Si la gente vivía en comunidades como esta, **¿quién cuidaba de los niños?** Estos sin duda sabían quién era su madre: ella los había traído al mundo y los cuidaba durante años. Pero **no está claro si siempre sabían quién era su padre**. A lo mejor todos los hombres ayudaban a criar a los niños llevándoles comida, protegiéndolos de los leones y enseñándoles a encaramarse a los árboles y a hacer cuchillos de pedernal. Los niños podían mantener vínculos estrechos con varios adultos de la comuna, y nadie sentía la necesidad de definir quién era un padre, quién un tío y quién un simple vecino. Esto se parece a como lo hacen nuestros primos los chimpancés: normalmente viven en una especia de comuna.

Bien, tal vez era así... o tal vez no. **Es fácil imaginar diferentes posibilidades, pero los científicos necesitan distinguir entre imaginación y hechos.** No puedes decir que algo existió solo porque lo has imaginado: necesitas pruebas palpables. Las pruebas son cosas que puedes **ver, tocar y saborear**. Como el hueso del meñique de una niña de la cueva de Denísova. Puedes verlo, tocarlo y, si insistes, incluso te lo podrías llevar a la boca y probarlo... Pero seguramente sepa horrible, a hueso viejo.

¿Y qué pruebas tenemos sobre cómo eran realmente las familias de la Edad de Piedra? ⤜⤏

LAS SELFIS DE LA EDAD DE PIEDRA

—

Piensa en tu familia e **imagina unos científicos ratas, dentro de miles de años, que intentaran entender tu vida**. ¿Cómo podrían averiguar cómo era?

Estos científicos ratas podrían mirar tu álbum de fotos familiar y sabrían quién formaba tu familia, dónde vivías y adónde ibas de vacaciones. Por lo tanto, ¿no crees que sería útil encontrar un álbum de fotos de la Edad de Piedra? Desafortunadamente, en ese tiempo **no había cámaras ni álbumes**. Sí tenemos pinturas en cuevas de ese periodo, como las de Lascaux y las de Altamira, pero la mayoría son de animales. No hay pinturas de familias humanas. Y eso es muy interesante, ¿verdad? Supón que miras el álbum de fotos de alguien, y son todas de caballos, leones y elefantes. Ni una sola foto es de su familia. ¿Qué significaría?

Tal vez las pinturas de la Edad de Piedra nos dicen que las familias no eran muy importantes en ese entonces.

O puede que la gente de la Edad de Piedra pintara animales en las paredes, pero retrataba a su familia en tablas de madera que podía llevar fácilmente de un lado a otro, y las colgaba en la entrada de su cabaña. Estas eran las pinturas realmente importantes, así que querían tenerlas siempre cerca. Lástima que las tablas de madera desaparecieran hace mucho tiempo y lo único que se conserve sean las pinturas de animales en las cuevas.

Quizás las personas de esa época pensaban que, si pintabas algo, lo podías controlar. Así que todo el mundo quería pintar los animales que cazaban y así controlarlos, pero nadie quería que pintaran su imagen.

En realidad, no lo sabemos, y **puede haber otras explicaciones. ¿Se te ocurre alguna?**

Lo más parecido que tenemos a una foto familiar de la Edad de Piedra son las colecciones de huellas de manos que la gente dejaba en rocas y en las paredes de las cuevas. ¿Cómo hacían estas impresiones si no tenían pintura en aerosol? Una pista importante es que la mayoría son de manos izquierdas, no derechas. ¿Se te ocurre por qué?

A la mayoría de la gente le es más fácil usar la mano derecha cuando trabajan con una herramienta. Al parecer, los antiguos hicieron esas impresiones con unos complejos tubos de aerosol. Probablemente hacían esto:

1. Trituraban piedras de colores y mezclaban el polvo con agua para hacer pintura líquida.
2. Vertían la pintura en un tubo hueco de caña, madera o hueso.
3. Colocaban la mano izquierda sobre la pared, mientras sostenían el tubo cuidadosamente con la mano derecha.
4. Apuntaban un extremo del tubo hacia su mano izquierda y soplaban por el otro extremo.
5. La pintura rociaba su mano izquierda. ¡Pssst!

Cuando retiraban la mano, quedaba la huella en la pared. Seguramente habría sido más fácil que otra persona rociara la pintura, pero, al parecer, la gente prefería hacer su propia huella. **¡Estas fueron las primeras selfis de la historia!**

En algunas rocas, los arqueólogos han encontrado una sola huella de mano. Pero en algunos lugares hay montones de manos agrupadas. Cada impresión pertenece a una persona distinta, aunque probablemente eran miembros del mismo grupo. **Tal vez era la manera en la Edad de Piedra de tomarse una selfi en grupo**: todos se acercaban a la roca durante un festival especial y dejaban su huella ahí. Podrías probar y tomarte una selfi grupal de la Edad de Piedra en tu próxima fiesta de cumpleaños, ¡y quizás unos científicos ratas la encuentren en el futuro!

El problema es que no sabemos qué relación tenían entre sí los antiguos que hicieron esas selfis. ¿Eran hermanos y hermanas? ¿Eran primos? ¿O eran amigos que habían ido a celebrar el cumpleaños de alguien?

HUELLAS EN LA ARENA

¿Qué otra prueba nos puede ayudar a entender las familias antiguas? Veamos, los científicos ratas que intenten saber cómo era tu familia podrían estudiar tu coche o tus bicis. Si tus vecinos tienen un convertible de dos plazas y tu familia no dispone de coche, pero tiene cuatro bicis, una rata del futuro podría deducir que tu familia constaba de cuatro personas, y la de tus vecinos, de dos. Pero en la Edad de Piedra no había coches ni bicicletas. Todo el mundo iba a pie.

Pero sí tenemos huellas de la Edad de Piedra. Suena raro, ¿no? Normalmente, si dejas una pisada en una playa arenosa, desaparece en cuestión de minutos. Pero en un lugar llamado Le Rozel, en la costa atlántica de Francia, los arqueólogos encontraron no menos de 257 huellas de un grupo de personas que anduvieron por encima de una duna hace 80 000 años. Por suerte, esta

se endureció rápidamente, se convirtió en piedra y por eso hoy podemos ver sus huellas.

Quienes dejaron esas pisadas no eran sapiens, sino neandertales. Tras examinarlas cuidadosamente, los arqueólogos concluyeron que las había dejado un grupo de unos doce neandertales, la mayoría de ellos niños y adolescentes. **Uno de ellos empezaba a andar.** Eso nos da una clave muy importante sobre las familias neandertales, o sobre ese grupo, por lo menos. No vivían solos, como los orangutanes, ni en pequeñas unidades familiares, como los gibones. Pero no podemos decir mucho más. ¿Eran hijos del mismo padre? ¿Vivían todos juntos? ¿O solo eran un grupo de amigos que se encontraban una vez al año para celebrar el Año Nuevo en la playa? No lo sabemos.

Así que necesitamos aún más pruebas. Esos científicos ratas imaginarios del futuro podrían echar una ojeada a las cosas que posee tu familia y sabrían mucho acerca de cómo viven. ¿Cuántas sillas tienen en casa, cuántas camas y cuántas computadoras? Pero **la gente de la Edad de Piedra no tenía muchas cosas.** De hecho, es lo único que sabemos seguro de nuestros antepasados: fueran como fueran sus familias, vivían casi sin objetos.

Hoy, una familia normal posee varios millones de cosas a lo largo de los años. Piensa en lo que tú tienes: no solo cosas grandes, como sillas o una computadora, sino también bolsas de plástico, cajas de cereales, envolturas de caramelos y el papel higiénico que usas todos los días. Para comer utilizas cubiertos, platos y vasos. Cuando juegas lo haces con balones, cartas y una PlayStation. **Normalmente no nos fijamos en cuántas cosas tenemos... hasta que nos mudamos.** Entonces de pronto vemos que necesitamos montones de cajas para embalarlo todo. Hay quien tiene que alquilar un camión grande y un par de empleados fuertes para que les ayuden trasladar lo que tiene.

Nuestros antepasados de la Edad de Piedra se mudaban muy a menudo. Raras veces permanecían mucho tiempo en un lugar. Y tenían que llevarlo todo a cuestas. No disponían de camiones, carros ni caballos, así que no acumulaban muchas cosas. Comían con las manos y, si necesitaban cortar algo, sabían convertir una piedra en un cuchillo en un santiamén.

No obstante, la gente tenía otras cosas, además de cuchillos de piedra. Tenían ropa hecha de pieles de animales y cuero, incluso de plumas. Poseían lanzas y garrotes de madera. A veces tenían chozas de ramas y paja. Pero casi todas esas cosas se pudrieron y desaparecieron hace mucho tiempo. Lo único que no perecía eran los huesos, los dientes y, sobre todo, las piedras. Las piedras no se pudren. Se conservan durante millones de años. ⤳

¿UN MUNDO DE PIEDRA?

Así pues, casi todas las pruebas que tenemos de la Edad de Piedra son piedras... Por eso la llamamos así. Pero es **un nombre muy engañoso**: ¡hace que parezca que todo estaba hecho de piedra! Naturalmente, nuestros antepasados no tenían camas, sombreros y zapatos de piedra. Pero, como la mayor parte de sus pertenencias hechas de otros materiales se pudrieron, lo único que queda de ellos son las piedras. **Por eso es tan difícil saber cómo vivían nuestros tatarabuelos en esa época.**

Por suerte, hay otra manera de averiguarlo: no estudiando piedras antiguas, sino observando a personas vivas. Hay unos pocos lugares del mundo donde **la gente todavía vive más o menos como nuestros antepasados**. Si los visitamos, podemos aprender mucho.

En general, la gente se puede dividir en tres grupos: los que cultivan sus alimentos, los que los compran y los que cazan y recolectan lo que comen. Los primeros son los agricultores. Plantan trigo y hacen pan con él, y manzanos para comer manzanas. Quizás tienen gallinas y se comen sus huevos y, a veces, también se comen a los pollos.

Ahora, mucha gente pertenece al segundo grupo, los que compran la comida. Cuando tienen hambre, van al supermercado y compran pan, manzanas y huevos. O toman el celular y piden una pizza.

En la Edad de Piedra; la gente no cultivaba la comida ni la compraba: cazaban y recolectaban. Es lo que hacen todos los animales. Las **jirafas no plantan árboles** y los leones no compran filetes de jirafa en el supermercado. Las jirafas se alimentan de árboles que crecen en la sabana y los leones cazan a las jirafas. Nuestros antepasados recolectaban plantas silvestres y cazaban animales salvajes. **Por eso los suelen llamar «cazadores-recolectores», o solo «recolectores»**, porque recolectaban su comida en la naturaleza.

Hoy en día quedan grupos de gente en el mundo que todavía cazan y recolectan. No viven en casas o ciudades, y no trabajan en fábricas u oficinas. La mayoría vive en junglas remotas y en desiertos. **Los científicos pueden visitar a esa gente**, ver cómo viven y, estudiando su forma de vida, intentan averiguar cómo vivieron nuestros antepasados hace muchos miles de años.

Ser un recolector hoy no es lo mismo que en la Edad de Piedra. Incluso quienes viven en las

junglas más remotas forman parte del mundo moderno. Si ves a un niño recolector extender los brazos y correr en círculos imitando el ruido de un avión, eso no significa que la gente de la Edad de Piedra tuviera aviones, sino que los recolectores de hoy en día han visto volar aviones por el cielo. Con todo, **observar a los recolectores modernos nos da algunas pistas más sobre cómo era la vida en la Edad de Piedra**.

¿QUÉ SUCEDE CUANDO MUERES?

A partir de los datos arqueológicos y de las observaciones de los recolectores modernos, ¿qué podemos decir sobre cómo vivía la gente en la Edad de Piedra?

Lo más importante es que **no había una sola forma de vivir**, sino muchas: no todo el mundo hacía lo mismo. En el planeta vivían miles de tribus, cada una con un idioma, una cultura, unos tipos de familias y una forma de vida diferente.

Uno de los motivos es que la gente vivía en lugares muy distintos, así que **tenían que adaptarse a toda clase de geografías y climas**. Quienes vivían cerca de un río comían mucho pescado y aprendían a hacer barcas, mientras que los que moraban en lo alto de las montañas ni siquiera sabían nadar. Quienes vivían en las selvas tropicales andaban por ahí casi desnudos, mientras que los que habitaban en climas árticos llevaban gruesos abrigos de pieles.

Incluso las tribus que vivían junto al mar podían tener formas de vida muy diferentes, porque explicaban historias distintas sobre el mundo. Recuerda que contar historias era la gran ventaja que tenían los sapiens. Mientras que las abejas de todas las colmenas se comportan más o menos igual, **cada tribu humana era diferente** porque cada tribu creía en diferentes historias.

Por ejemplo, una tribu podía creer que, cuando morías, volvías como otro bebé, o incluso como un animal. Quizás una segunda tribu creía que cuando te morías, te convertías en un fantasma. Una tercera podía opinar que esas dos teorías eran ridículas: «Vaya estupidez», pensaban. «Cuando te mueres, te has ido y punto».

Tal vez en una tribu todos vivían juntos en un grupo grande, pero, en otra cercana, la gente se juntaba en familias pequeñas. En otra un hombre tal vez se podía casar con dos o con hasta diez mujeres, pero no con otro hombre. Y en una tercera la gente ni siquiera sabía lo que era el matrimonio: si te gustaba alguien, los dos empezaban a vivir juntos sin darle mayor importancia.

También debía de haber diferencias en el arte y la manera en la que la gente interactuaba. Una tribu podía hacer bellas pinturas en las cuevas, mientras que la tribu vecina no pintaba, pero **pasaba muchas horas bailando y cantando**. Quizás una tribu era muy violenta y su gente siempre luchaba, mientras que otra era pacífica y se portaba bien con todo el mundo.

Las actitudes hacia los neandertales y otros tipos de humanos podían variar también. En una tribu tal vez les enseñaban a los niños a temer a los neandertales o a odiarlos. Quizás una segunda tribu tenía mejores relaciones con los neandertales vecinos y, si uno quería, podía jugar con los niños neandertales. Y, en una tercera tribu, tal vez incluso te podías casar con un neandertal.

Así como cada tribu de recolectores tenía su forma especial de ver el mundo, también había cosas que compartía toda la gente del planeta. En particular, en todas partes los humanos podían cooperar en gran número.

Un campamento como Ohalo debía de acoger a un solo grupo de entre 20 y 40 personas. Pero este seguramente pertenecía a una tribu más grande, formada por varios grupos. **La tribu entera podía incluir a centenares de personas.** En la tribu todos hablaban la misma lengua, creían en las mismas historias y seguían las mismas normas.

Una tribu era muy diferente a un país moderno: no disponían de gobierno, ni ejército, ni policía. Pero pertenecer a una tribu grande tenía muchas ventajas.

250 DIENTES DE ZORRO

Supongamos que un grupo de las montañas poseía unas piedras muy buenas para hacer cuchillos afilados y que las podía compartir con el grupo de Ohalo, a orillas del lago. A cambio, los de Ohalo les proporcionaban conchas y pescado. Si una mujer del grupo de Ohalo inventaba una nueva manera de hacer redes para pescar, podía enseñar a la gente de otros grupos del lago a hacerlas. **Si un año los peces del lago enfermaban y morían, todos los grupos** del lago se podían ir a vivir con los de la montaña durante un tiempo. Y, si otro año había sequía y todas las fuentes de la montaña se secaban, los de la montaña podían irse a vivir con sus primos del lago. Así pues, pertenecer a una tribu significaba que la gente tenía cuchillos más afilados, mejores redes y más comida.

Tal vez te preguntes cómo sabemos que existían las tribus. ¿Hay alguna prueba de que centenares de personas de una zona muy amplia a veces cooperaban? Sí, y aquí tienes un ejemplo: los arqueólogos que estudian los campamentos de la Edad de Piedra situados a cientos de kilómetros del mar, a menudo encuentran conchas. **¿Cómo llegaron hasta allí?** Seguramente los grupos de tierra adentro las obtuvieron de otros, asentados cerca del mar.

Otra prueba importante fue hallada en un lugar llamado Sunghir, en Rusia, donde los arqueólogos encontraron un cementerio de hace 34 000 años. Algunas tumbas contenían solo un esqueleto humano, pero en una estaba el esqueleto de un hombre de 40 años cubierto con 3 000 cuentas de marfil de mamut (los mamuts eran unos elefantes peludos enormes que vivieron en el norte de Asia, Europa y América en la Edad de Piedra). El hombre llevaba **25 brazaletes de**

marfil en las muñecas y un sombrero decorado con dientes de zorro. El sombrero debía ser de piel y se perdió, pero los dientes de zorro seguían ahí.

Luego los arqueólogos descubrieron una tumba aún más importante, que contenía bellas obras de arte y los esqueletos de dos niños enterrados cabeza con cabeza. Uno tenía nueve años, y el otro, 12. Ambos portaban brazaletes de marfil. El más pequeño estaba cubierto con unas 5 400 cuentas de marfil, y el mayor, con unas 5 000. También llevaban un sombrero con dientes de zorro y un cinturón decorado con otros 250 dientes de zorro. ¡Al parecer, **los dientes de zorro estaban de moda** en Sunghir en la Edad de Piedra!

¿Cómo lo podemos explicar? ¿Por qué algunas tumbas contenían tantos objetos valiosos, mientras que en otras solo había un esqueleto? La explicación más fácil es que el hombre de 40 años era un importante líder tribal, y quizás los niños eran sus hijos o sus nietos. Esto es lo que creyeron los científicos. Pero, cuando por fin lograron leer el libro de instrucciones del ADN de estos tres esqueletos, **resultó que los niños no eran hermanos**, ni siquiera primos, y que el hombre no era su padre ni su abuelo.

Quizás **hay otra explicación. Quizás la tribu creía una extraña historia**, y sacrificaron a un hombre y a dos niños para complacer a un gran espíritu. Tal vez creían que, si sacrificaban a esas tres personas ante el espíritu, este les enviaría un montón de mamuts para que los cazaran. No lo sabemos, pero una cosa es clara: centenares de personas tuvieron que trabajar juntas para fabricar todos los objetos de valor hallados en las tumbas de esos tres esqueletos.

Examinemos detenidamente el cinturón del chico mayor. Llevaba 250 dientes de zorro, ¡pero no cualquiera! Tenían que ser colmillos, largos y afilados. Los zorros solo tienen cuatro colmillos. Ahora calcula: **¿cuántos zorros debes cazar para hacer un cinturón como ese?** Pues muchos: para tener 250 colmillos de zorro tienes que cazar por lo menos 63 zorros y arrancarles los dientes. ¡Eso es muchísimo trabajo! Los zorros son animales muy listos, y puedes tardar un día o dos en cazar a uno solo. Así que debieron de necesitar más de dos meses solo para reunir los dientes.

¿Y qué hay de las cuentas de mamut? Para hacerlas primero hay que cazar a uno, algo aún más difícil que cazar un zorro. Un mamut podía medir hasta 4 metros de altura y pesar hasta 12 toneladas, o sea, como un autobús. Así que tú solo no podrías cazarlo, se necesitaría todo un grupo.

Y después hay que tallar los colmillos para hacer las cuentas de marfil. A un artista experto le llevaría unos 45 minutos hacer una sola. Veamos, el niño de 9 años tenía unas 5 400; el mayor, 5 000, y el hombre, 3 000. Debió de llevar unas **10 000 horas de trabajo duro** hacer todas esas cuentas. Si te dedicaras a ello seis horas al día, sin un solo día de descanso, te llevaría cuatro años y medio hacerlas.

Parece muy improbable que los objetos de las tumbas de Sunghir los hicieran solo diez o veinte personas. **Probablemente fueron obra de cientos.** Las tumbas de Sunghir son una de las mejores pruebas que tenemos de que hace 30 000 años por lo menos algunas personas ya pertenecían a tribus grandes. >>—⊳

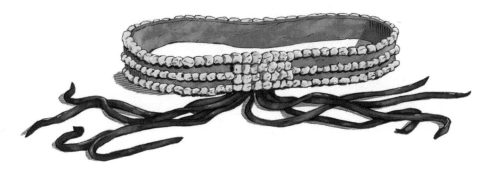

VIVIR EN BANDAS

Al parecer, la gente pertenecía a tribus grandes, pero sabemos que no vivían con la tribu todo el tiempo. Era difícil encontrar comida para un grupo tan grande, así que se dividían en grupos que iban a diferentes lugares a buscar comida. Eso significaba **que cada tribu estaba formada por varias bandas más pequeñas**; una podía constar de cien personas, y otra, de solo diez.

La gente seguramente vivía en su grupo la mayor parte del tiempo, yendo de un lado a otro en busca de comida. **Todos los grupos de una misma tribu se juntaban** solo en ocasiones especiales: por ejemplo, si una persona importante moría, todo el mundo iba al funeral. También podían sumar fuerzas cuando querían cazar animales grandes, luchar contra enemigos poderosos o celebrar un gran festival. Pero la mayoría de la gente vivía muchos meses sin ver a ningún ser humano que no fuera de su banda.

En ese grupo todos se conocían bien. Siempre estaban rodeados de familia y amigos, y lo hacían todo en común. Iban al bosque a buscar comida, cocinaban, comían y contaban historias juntos alrededor de la hoguera. **Hay quien puede pensar que esto es maravilloso.** A otros quizás no les guste la idea de no estar nunca solos y ver siempre a la misma gente. Pero, cuando te cansabas de los de tu grupo, podías irte a otro. Así es como se hace en las tribus de recolectores actuales. Y, si ibas a un festival y te hacías muy amigo de alguien de otro grupo, este podía ir a vivir con tu banda o tú podías irte a la suya.

La banda no tenía un jefe que le dijera a todo el mundo lo que debía hacer. Cuando había que tomar decisiones (en qué dirección ir o dónde montar el campamento), todos daban su opinión. **Si un engreído empezaba a intimidar a la gente** y a decirles que le hicieran más y más sombreros con dientes de zorro, los demás podían largarse y dejarlo plantado. **Hoy, cuando hay un dictador, a la gente le cuesta mucho irse del país.** Pero, en la Edad de Piedra, la gente podía votar con los pies (una manera elegante de decir que, cuando no te gusta algo, te vas y punto).

LOS GRANDES RECOLECTORES

¿Qué más se puede averiguar sobre la vida en la Edad de Piedra a través de la arqueología y la observación de recolectores actuales? Hoy en día, los grupos de cazadores recolectores no viven en un solo lugar todo el tiempo y los grupos de la Edad de Piedra probablemente también se desplazaban en busca de comida. Cuando había peces en el río, iban a pescar. En la época de los higos, se dirigían al bosque a buscarlos. Normalmente iban y venían por un mismo territorio, que era su hogar. **«Hogar» no significaba una estructura de piedra** ni un pueblo, sino un territorio amplio lleno de montañas, bosques y ríos.

¿Cuánto tardas en ir de un extremo a otro de tu casa? La mayoría de la gente tarda menos de un minuto. Aunque vivieras en un palacio enorme, no tardarías más de 5 minutos. En cambio, a nuestros antepasados de la Edad de Piedra les podía llevar una semana ir de un lado a otro de su casa.

A veces, había tanta comida en un lugar que un grupo o varios se establecían ahí varios meses, o incluso todo el año. Eso solía suceder cerca de lagos y ríos llenos de peces y ostras, con montones de aves alrededor. Ahí la gente podía llegar a levantar un poblado permanente.

Otras veces, no había suficiente comida para todos, así que se dividían. Unos se quedaban en el lugar de siempre, y otros se iban y andaban hasta encontrar otro sitio. A veces incluso un grupo entero abandonaba el territorio. Ello podía deberse a un desastre natural. Quizás había una larga sequía, se secaba el río, los árboles morían y no había nada que comer. La banda tenía que recorrer una gran distancia para encontrar comida. **Y así es como nuestros antepasados se extendieron gradualmente por todo el mundo.**

La recolección era una forma de vida muy interesante: la gente hacía cosas distintas todos los días. Recogían plantas, atrapaban sabrosos gusanos e insectos, y también se llevaban piedras, madera y bambú para hacer utensilios y chozas. De vez en cuando cazaban animales grandes, como mamuts y bisontes. Esto era difícil y peligroso, y se necesitaba mucha gente que trabajara junta, así que se dejaba para ocasiones especiales. Pero incluso un par de niños que buscaran por el bosque durante una hora podían encontrar zanahorias o cebollas silvestres. Se podían encaramar a un árbol para robar huevos de un nido o cortar bambú para hacer una caña de pescar o una flauta.

La mayor parte del tiempo, nuestros antepasados eran recolectores, más que cazadores. Y no solo recogían comida, piedras y madera, también adquirían conocimientos. No iban a la escuela, ni leían libros, pero **aprendían constantemente**. Si no aprendían, no podían sobrevivir.

Primero necesitaban conocer su territorio. Si no sabían dónde encontrar agua, pasarían sed. Si no sabían dónde hallar comida, tendrían hambre. Si no sabían andar por un bosque a oscuras, podían romperse una pierna. Los recolectores iban por los mismos bosques y colinas una y otra vez, y al final conocían cada fuente, cada árbol y cada roca, que **se convertían en viejos amigos suyos**. Tú encuentras el baño, el refrigerador y el cajón de los cubiertos incluso a oscuras, ¿verdad? Pues lo mismo les pasaba a los recolectores con la fuente, el gran avellano y el cerro de las piedras de pedernal.

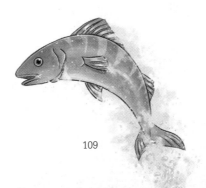

Los recolectores también conocían las plantas y los animales de su alrededor. Sabían dónde solían salir setas y no se confundían entre una sabrosa, que te alimentaba, otra venenosa, que te podía matar, y otra medicinal, que curaba una enfermedad. Sabían en qué temporada las aves ponían sus huevos y dónde le gustaba anidar a cada tipo de pájaro. Sabían por dónde solía haber osos y lo que debían hacer si uno los perseguía.

Los recolectores también eran expertos en hacer cosas. Cuando necesitamos un cuchillo, unos zapatos o una medicina, vamos y los compramos. Normalmente no sabemos quién los ha hecho ni cómo. Quizás vienen del otro lado del mundo. En la Edad de Piedra, todos debían hacer sus propias cosas. Si querías un cuchillo, tenías que saber dónde había buenas piedras de pedernal. Debías ir allí, elegir y comprobar un montón de piedras. Examinabas cada una cuidadosamente, fijándote en su forma, peso y textura. Y esa era la parte fácil: cuando por fin dabas con una buena piedra, empezaba el trabajo especializado.

Tenías que golpear la piedra elegida con otra o con una madera, para ir sacándole lascas y afilar el borde, pero debías tener cuidado para no romperla. Actualmente, **cuando alguien intenta hacerlo,** casi siempre rompe decenas de piedras, y quizás un dedo o dos, hasta que lo consigue, y tarda horas, o días, en hacer un

cuchillo. **Los recolectores convertían una piedra de pedernal en un cuchillo en unos minutos.** Claro que practicaban desde muy pequeños.

Los arqueólogos han hecho interesantes descubrimientos. Cerca del fuego han encontrado montones de lascas de piedra, pero solo unas pocas piedras rotas. En cambio, algo más lejos del fuego había muchas lascas, pero también muchas piedras rotas. ¿A qué crees que se debe?

Al parecer, **los adultos se sentaban cerca del fuego:** ya eran expertos en hacer cuchillos y raras veces rompían una piedra. Mientras, los niños, que se sentaban atrás, estaban aprendiendo, así que rompían muchas piedras hasta que lo hacían bien.

Así pues, los recolectores también aprendían mucho sobre su propio cuerpo y cómo utilizarlo. **Sabían escuchar, mirar y moverse mucho mejor que nosotros.** Cuando andaban por el bosque, escuchaban el menor movimiento entre la maleza. ¿Quizás se deslizaba una serpiente por ahí? Tssss.

Miraban atentamente los árboles de su alrededor y distinguían frutos, colmenas y nidos de pájaros escondidos entre las hojas. Olían el aire y podían saber si se les acercaba un tigre o si un ciervo huía. Si una recolectora se ponía una baya en la boca, se concentraba en su sabor, porque un sabor parecido a jabón podía suponer la diferencia entre una baya venenosa y otra comestible. Cuando la gente quería hacer un arco, pasaban los dedos por encima de muchos árboles y ramas, palpando atentamente su textura y su peso: **cada rama les hablaba en la lengua del tacto.** ¿Liso o rugoso? ¿Blando o duro? Así sabían qué rama se podía partir más fácilmente y con cuál podían hacer un buen arco.

Al andar hacían muy poco ruido, para no atraer a los depredadores. Cuando corrían, eran muy rápidos, incluso en los terrenos más difíciles, saltaban por encima de rocas y troncos, evitando árboles y arbustos espinosos. Y cuando se sentaban, podían estar en la misma posición mucho mucho rato, sin mover un dedo, observando y escuchando atentamente.

En otras palabras, **¡los recolectores sabían muchas cosas!** Por lo general, pensamos que la gente de hoy tiene un mayor conocimiento que la de esos tiempos. Por supuesto, la sociedad en conjunto sabe más —sabemos construir coches, computadoras y naves espaciales—, pero, en realidad, cada individuo sabe menos. ¿Puedes construir un coche? ¿Y una nave espacial? Incluso, en las fábricas donde se hacen estas cosas, cada persona normalmente solo sabe realizar una cosa. Un operario sabe manejar la máquina que fabrica neumáticos, pero no es capaz de elaborar el motor, el volante o los faros.

Sucede lo mismo en todas las profesiones. ¿Qué necesitas saber para escribir un libro de historia? Tienes que saber mucho sobre una cosa, pero para todo lo demás dependes de otras personas. Los que escriben libros de historia conocen mucho sobre historia y por eso los llaman «historiadores». Pero no saben producir su propia comida, hacer su ropa ni construir su casa. Solo escriben libros; la gente los compra y así es como los historiadores ganan dinero. Luego los historiadores lo usan para comprar comida, ropa y un lugar donde vivir. Si dejaras a un historiador solo en la selva, se moriría de hambre o lo devoraría un tigre, porque no tiene ni idea de cómo se hace nada, salvo escribir libros de historia, lo cual no sirve de mucho en la selva. ✦

LOS BUENOS VIEJOS TIEMPOS...

En la Edad de Piedra, los recolectores que sabían lo suficiente sobre su entorno a veces llevaban una buena vida. **Lo cierto es que trabajaban bastante menos que mucha gente en la actualidad.**

Pensemos en un día de una trabajadora de una fábrica de hoy: sale de casa hacia las siete de la mañana, viaja en un autobús abarrotado por calles llenas de humo hasta una fábrica ruidosa. Allí maneja una máquina durante diez horas, haciendo lo mismo una y otra vez, hasta que toma el autobús de vuelta a las siete de la tarde. Entonces seguramente tiene que preparar la cena, lavar los platos, poner la lavadora, limpiar el suelo y pagar las facturas.

Hace 20 000 años, una recolectora podía salir del campamento con sus amigas hacia las ocho de la mañana. Andaban por los bosques y prados cercanos recogiendo bayas, se subían a los árboles para agarrar fruta y arrancaban raíces del suelo, pescaban y, a veces

huían de los tigres. Pero hacia el mediodía ya estaban de vuelta para preparar la comida. Eso es todo. **Aquí terminaba su jornada laboral.** Una buena recolectora solía encontrar comida en tres o cuatro horas para alimentarse ella y su familia. Y, después, no había platos ni ropa que lavar, ni suelos que trapear, ni facturas que pagar. Le quedaba mucho tiempo para curiosear, contar historias, jugar con los niños y pasar el rato con las amigas. Claro que a veces los tigres las cazaban y se las comían, o las mordía una serpiente, pero al menos **no tenían accidentes de tráfico ni contaminación industrial**.

Los recolectores normalmente comían alimentos mejores y más variados que los trabajadores actuales, y sufrían menos hambre y enfermedades. Los arqueólogos que han examinado esqueletos de recolectores han constatado que estaban muy **fuertes y sanos, porque comían alimentos muy variados**. Un día podían comer bayas y setas para desayunar, luego fruta, caracoles y una tortuga para comer, y conejo asado con cebollas silvestres para cenar. Al día siguiente podían comer pescado en el desayuno, muchos frutos secos y huevos para comer, y los higos de toda una higuera para cenar. **Al comer cosas tan variadas, por lo general tomaban todas las**

vitaminas y minerales que necesitaban. Si los frutos secos no contenían una vitamina importante, seguro que las setas o los caracoles sí.

Además, al no depender de un solo tipo de alimento, casi nunca morían de hambre. Cuando más tarde la gente se pasó a la agricultura, con frecuencia se dedicaban a cultivar un solo tipo de producto. ¿Alguna vez has visto un campo de trigo, de papas o de arroz? En esos campos solo hay eso y nada más. Para los agricultores es fácil cuidar de sus campos, pero su dieta es muy limitada. Si solo cultivan arroz, tienen que comer **arroz para desayunar, para comer y para cenar**. Y, si surge una enfermedad y mata las plantas de arroz, se quedan sin nada. Este tipo de desastres se daban bastante a menudo en la historia, así que los agricultores siempre corrían el riesgo de morir de hambre.

Los recolectores vivían mucho más seguros. Si una enfermedad mataba todas las cebollas silvestres o todos los conejos de una zona, los recolectores pasaban una mala temporada, pero en general había otras cosas. ¿Que este año no hay conejo con salsa de cebolla? Lástima, ¡tendremos que comer más bayas!

Los recolectores estaban sanos no solo porque comían cosas muy variadas, sino también porque **entonces había muy pocas enfermedades infecciosas**. La mayoría de las que hoy conocemos, como la varicela, el sarampión o la gripe, vinieron de los animales: la gripe viene de los pollos y otras aves, y el sarampión, la tuberculosis y el ántrax saltaron de las vacas, cabras y otros animales domésticos a los humanos. La gran epidemia del coronavirus pudo empezar con los murciélagos. Y, como vivimos en pueblos y grandes ciudades abarrotadas, con solo una persona que agarre un nuevo virus de una gallina o un murciélago, este se puede extender rápidamente a miles de personas.

Los antiguos recolectores tenían mucho menos contacto con los animales. Es cierto que los cazaban, pero no los domesticaban ni los vendían en mercados. Nadie tenía un gallinero ni un rebaño de ovejas. Además, los recolectores vivían en pequeños grupos que se movían mucho. Así que, aunque alguien agarrara una nueva enfermedad, no podía contagiársela a mucha gente.

Entonces **¿la Edad de Piedra fue la mejor época de todas?** Si tuvieras una máquina del tiempo y pudieras viajar adonde quisieras, ¿valdría la pena ir a la Edad de Piedra? Algunas personas lo harían. Sueñan con la época en que rondábamos libremente por los bosques y los prados, cuando trabajar era andar por el bosque. **Pero, antes de apretar el botón, deberías echar un vistazo a los inconvenientes** de su vida, para que sepas dónde te metes. ¡Y sin duda los había!

LOS MALOS VIEJOS TIEMPOS...

Empecemos por las cosas pequeñas, como los insectos: a la gente de la Edad de Piedra a menudo les molestaban. No parece gran cosa, pero podrías hacer una pequeña prueba. Si hace buen tiempo, sal de tu casa, busca un lugar agradable y seguro donde acostarte (quizás debajo de un árbol), e **intenta no moverte nada durante una hora**. No puedes mover ni un dedo, ni rascarte la oreja. Solo espera...

No. En poco rato..., las valientes hormigas se te subirán por los pies, puede que un mosquito te zumbe en el oído, y alguna molesta mosca se puede posar en tu nariz. Y en cuanto a las arañas... ¡Pero no te muevas! Tú quédate en el suelo, sin moverte. Al cabo de una hora pregúntate si realmente quieres volver a una época en la que siempre tenías que dormir bajo un árbol o en una cabaña improvisada con todos los insectos. **Recuerda que no había casas** donde resguardarte detrás de paredes y ventanas resistentes.

Encima, no solo están los insectos: **la gente tenía que andar siempre cuidándose de los leones, las serpientes y los cocodrilos.** Si ves tigres en televisión o incluso vivos en el zoológico, te sientes seguro porque no pueden salir del televisor ni escapar de su jaula. Pero ¿y si estuvieran fuera, rondando por tu barrio? ¿Te sentirías seguro yendo a la escuela o a ver a una amiga?

Y luego estaba el tiempo. Cuando llovía, los recolectores se mojaban. De pies a cabeza. En invierno pasaban frío, y en verano, calor. Y no podían esconderse en una cueva profunda durante todo el día. Si no salían a buscar comida, o si no la encontraban, pasaban hambre.

Por desgracia, había bastantes accidentes y, como no tenían hospitales ni medicinas modernas, **una herida leve podía ser muy peligrosa**. Supongamos que un niño se subía a un árbol, se caía y se rompía una pierna; no podía estar en cama durante un mes. Además, no la había. Los demás del grupo le ayudaban, pero, si el niño no los podía seguir cuando trasladaban el campamento, o no podía escapar de los tigres, tenía un grave problema.

Los niños se enfrentaban a numerosos peligros. Necesitaban mucha comida para crecer y todavía no eran expertos en subirse a los árboles y tratar con animales peligrosos. Todos los días había exámenes: el lunes quizás era el de estar ojo avizor con las serpientes. El martes, el de orientarte en un bosque a oscuras, y luego el miércoles, el de caza de mamuts. El jueves quizás tenías que cruzar un río gélido nadando; el viernes, distinguir entre setas buenas y setas venenosas. Y no había fin de semana: el sábado te podían evaluar cómo subirte a un árbol, y el domingo, cómo robar miel sin que te picaran centenares de abejas.

Si reprobabas una de estas pruebas, no sacabas malas calificaciones, sino que podías morir. ¡Puede que nuestro mundo no sea tan horrible, al fin y al cabo! ⤏

HABLAR A LOS ANIMALES

Si ves dibujos animados o lees cuentos, es probable que encuentres árboles y animales que hablan. Los niños pequeños creen que podemos hablar con ellos. También aceptan la idea de que nos rodean fantasmas y espíritus que espían lo que hacemos o se esconden en el desván. Los adultos lo encontramos encantador y divertido. Cuando se hacen mayores, les decimos a los niños que los fantasmas y los árboles que hablan no existen, y que **eso solo lo creen los niños pequeños**.

Al parecer, en la Edad de Piedra los adultos creían que los árboles y animales podían hablar, y que los fantasmas y espíritus existían. Cuando iban por el bosque, **los recolectores les hablaban a los arbustos y las piedras,** y pedían ayuda a los elefantes y a los ratones. Escuchaban atentamente lo que los pájaros decían... Si alguien enfermaba, quizás echaban la culpa a un fantasma, o pedían consejo a un espíritu.

Aunque no lo sabemos con seguridad, claro. **Normalmente es más fácil saber lo que hace la gente que lo que piensa.** Por ejemplo, sabemos con certeza que la gente de Sunghir cazaba mamuts, porque hemos encontrado montones de huesos. Pero **¿qué pensaba esa gente sobre los mamuts?** ¿Algunos eran vegetarianos y creían que estaba mal matar a los animales? Y si un mamut enfurecido pisaba a una persona y la mataba, ¿qué pensaban que le había sucedido? ¿Pensaban

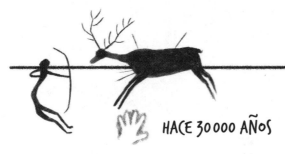

HACE 30 000 AÑOS

120

que los muertos iban al cielo y renacían en otro cuerpo, que se convertían en fantasmas... o que solo se desvanecían en la oscuridad?

Es muy difícil responder estas preguntas porque no podemos preguntarle a la gente de la Edad de Piedra qué creía. Hoy en día, si quieres saber qué creen los musulmanes, se los puedes preguntar, o puedes leer el Corán, su libro sagrado. Si quieres saber qué creen los cristianos, se los puedes preguntar, o puedes leer la Biblia. Si quieres saber qué creen los hindúes, se los puedes preguntar, o puedes leer los Vedas. **La gente de la Edad de Piedra no eran musulmanes, cristianos ni hindúes**: no podían serlo porque estas religiones no aparecieron hasta los últimos 3 000 años. El Corán fue compilado hace unos 1 500 años, la Biblia hace unos 2 000, y los Vedas, hace quizás 2 500 años.

La gente que vivió hace 20 000 años no sabía leer ni escribir, así que no tenemos ningún libro sagrado de la Edad de Piedra. Disponemos de algunas pistas sobre sus creencias gracias a tumbas, como las de Sunghir, a estatuas, como el hombre león de Stadel, y a pinturas en las cuevas, como las que encontraron los chicos arqueólogos en la cueva de Lascaux. Es interesante que ahí hay muchos animales pintados, pero no dioses; al menos, no hay nada que nos parezca un dios. Tal vez no creían en dioses poderosos.

¿Pero recuerdas a los recolectores modernos que viven en zonas remotas del mundo actual? Una buena manera de investigar lo que los recolectores de la Edad de Piedra podían creer es hablar con los recolectores modernos. Y así es: muchos no creen en dioses poderosos, pero sí que los animales, los árboles e incluso las rocas hablan, y

HACE 2 500 AÑOS   HACE 2 000 AÑOS   HACE 1 500 AÑOS

que **el mundo está lleno de fantasmas y espíritus**. Por ello los científicos han concluido que, en las sociedades de cazadores recolectores, hoy y en la Edad de Piedra, tanto adultos como niños a menudo creen que se puede hablar con los árboles y los animales.

Un ejemplo de recolectores modernos es el pueblo nayako, que vive en las junglas del sur de la India. Cuando un nayaka se encuentra con un animal peligroso, como un tigre, una serpiente o un elefante en la selva, le dice algo así: «Tú vives en el bosque y yo también. Tú has venido a comer, y yo en busca de raíces y tubérculos. No he venido a hacerte daño, así que, por favor, no me lo hagas a mí».

Una vez, un nayako murió por el ataque de un elefante al que llamaban **«el elefante que siempre anda solo»**. Acudieron unos empleados de la administración india para capturar a ese elefante, pero los nayaka se negaron a ayudarlos. Les dijeron que el animal tenía una buena razón para mostrarse violento: tenía un amigo, otro elefante macho, y los dos iban siempre juntos por el bosque. Un día, una mala gente le disparó al segundo elefante y se lo llevaron. Desde entonces, «el elefante que siempre anda solo» estaba muy enfurecido con los humanos. **«¿Cómo te sentirías si te quitaran a un compañero?»**, les preguntaron los nayakos. «Así se sentía este elefante. Ese día horrible vio cómo su compañero caía al suelo. Si dos seres están siempre juntos y alguien le dispara a uno, ¿cómo se va a sentir el otro?».

HABLAR A LOS ÁRBOLES

Los científicos han inventado una palabra para la gente que cree que los animales hablan y que hay espíritus que habitan en las rocas y en los ríos: los llaman «animistas». ¿Sabes de dónde procede esta palabra? Correcto, del latín. En latín, *anima* significa «espíritu». Un espíritu es algo que puede sentir y querer cosas y que habla con otros espíritus de lo que siente y lo que quiere. Para los animistas es perfectamente lógico hablar a los árboles, a los elefantes, a las flores o las piedras, porque creen que todas estas cosas tienen espíritu.

Por ejemplo, los animistas podrían creer que el gran nogal en lo alto de la colina tiene espíritu. El árbol disfruta de la lluvia y del sol, y se enfada si la gente le corta las ramas para hacer lanzas. Cuando está contento da muchas nueces, y las comparte con los humanos, las ardillas y los cuervos. Cuando se enoja, deja de hacerlo y puede hacer enfermar a la gente. ¿Cómo lo hace? El espíritu del árbol tiene muchos amigos, espíritus y fantasmas más pequeños que viven entre sus ramas. Por ello, si un hombre lo hace enfadar, este pide a los espíritus menores que entren por su nariz o su boca, que bajen hasta su estómago y le den un dolor terrible.

Sin duda, el árbol puede hablar con estos pequeños espíritus, pero también es capaz de hablar directamente con las personas. Y estas le pueden hablar a él. El hombre que lo hizo enfadar y que

enfermó podía pedirle perdón. Si tenía suerte, el árbol lo perdonaba y le pedía a los pequeños espíritus que salieran de su estómago.

Desde luego, **hablar a un árbol no es fácil.** Primero debes aprender su lenguaje, y eso requiere tiempo y paciencia. Todos sabemos que **no puedes aprender chino o sueco en un día, y esto es lo mismo: no puedes aprender el lenguaje de los árboles, las piedras o las ranas en un día.** Son idiomas complicados. No están hechos de palabras, sino de signos, sonidos, movimientos e incluso sueños. Hoy, la mayoría de la gente no sabe hablar con los árboles, pero los animistas dirían que eso es porque la gente ha olvidado su lenguaje.

Actualmente, casi todo el mundo cree que los humanos somos lo más importante del mundo, mientras que los animistas suelen creer que todos los espíritus son iguales. Los humanos no son más importantes que los árboles, ni los mamuts que las ranas. **Todo el mundo tiene un lugar en el mundo,** y nadie está al mando de todo. Los animistas no le dan mucha importancia a los grandes dioses. Los espíritus con los que hablan son locales y pequeños. Si quieres algo del nogal en lo alto de la colina, tienes que hablar con él, no con la diosa de todos los árboles, ni con el gran dios del cielo. Y es lógico. Es como cuando quieres que tu hermana te dé un trozo de su chocolate: tienes que hablar con ella, ¡no con la diosa de las hermanas!

Para los animistas, las reglas que rigen el mundo no son dictadas por un gran dios, sino que son producto de un debate abierto entre todos los espíritus del mundo. Los humanos, los árboles, los lobos y las hadas hablan para decidir cómo debería comportarse todo el mundo. ✦

JUGAR SEGÚN LAS REGLAS

¿Qué reglas tenían los recolectores? Veamos, no eran iguales en todas partes, porque no las decidía un solo gran dios del cielo. En cada zona había diferentes animales, árboles y piedras, así que la gente creía en diferentes reglas. Es posible averiguar detalles de las reglas del pueblo nayako porque podemos hablar con ellos y preguntarles. Pero no somos capaces de saber exactamente qué reglas seguían los pobladores antiguos de Sunghir, Ohalo, Lascaux y Stadel, porque no tenemos suficientes pruebas. Y las que tenemos se pueden interpretar de muchas maneras.

Mira la ilustración de abajo. Los recolectores la pintaron en la cueva de Lascaux hace unos 17 000 años. ¿De qué crees que sea?

Muchos coincidirían en que es un hombre con cabeza de pájaro, con un bisonte al lado y otro pájaro debajo. Bien, **pero ¿qué significa?** Algunos arqueólogos dicen que el bisonte ha atacado al hombre y que el hombre se cae, sin vida. Afirman que el pájaro de debajo del hombre representa a su espíritu, que se va volando en el momento de la muerte. Y quizás el aterrador bisonte no es un animal, sino un símbolo de la muerte. Así, los arqueólogos opinan que **esta pintura es una prueba de las creencias de la gente de hace 17 000 años**: que,

cuando mueres, tu espíritu es liberado de tu cuerpo y se va volando al cielo, o quizás entra en otro cuerpo. Quizás tienen razón.

O quizás no. **No tenemos modo alguno de saber** si esta teoría es cierta. Tal vez lo que alguna gente ve como un hombre con cabeza de pájaro solo es un dibujo torpe hecho por alguien que no era muy bueno dibujando cabezas. Las manos y los pies tampoco están muy logrados. Y, aunque la cabeza sea la de un pájaro, quizás es un dibujo de un Batman o un Superman de la Edad de Piedra que lucha contra un bisonte malo, y sale volando justo cuando el bisonte está a punto de atacar...

O quizás el hombre no se cae, sin vida. Podría estar abriendo los brazos para abrazar al bisonte, y el bisonte baja la cabeza para acurrucarse junto a él. Entonces la imagen va de la amistad entre el hombre y el bisonte, ¿verdad? Seguro que, si observas la pintura y dejas volar tu imaginación, se te ocurrirían muchas otras historias igualmente posibles.

Cuando no sabemos una cosa, es mejor ser sinceros y decirlo. No sabemos qué creía la gente de la Edad de Piedra, o qué tipo de historias contaban. Es una de las mayores lagunas en nuestro conocimiento de la historia humana.

LO QUE NO TE HAN CONTADO NUNCA

Hasta ahora hemos hablado de cómo vivían los recolectores en general. Pero las cosas importantes de la vida no están en lo que es «en general». **La historia está formada por hechos concretos** y la mayoría de los libros de historia los describen con gran detalle.

Por ejemplo, un libro de historia sobre el primer aterrizaje en la Luna podría describir cómo, el 20 de julio de 1969, a las 8 de la tarde, 17 minutos y 40 segundos, la nave espacial Eagle se posó en la superficie de la Luna, en el lugar denominado mar de la Tranquilidad. A bordo iban dos hombres: Neil Armstrong y Buzz Aldrin. Armstrong llamó al mando de la misión en Houston y dijo: «Houston, aquí, base Tranquilidad. El Eagle ha aterrizado». Por lo menos 600 millones de personas de todo el mundo estaban pegados a sus televisores y radios, y oyeron estas célebres palabras.

Entonces los astronautas abrieron la puerta de la nave y bajaron por la escalerilla. Y el 21 de julio, a las 2 de la madrugada, 56 minutos y 15 segundos, Armstrong bajó del último peldaño, puso sus botas en la superficie de la Luna y declaró: **«Es un pequeño paso para el hombre, pero un gran salto para la humanidad».**

Conocemos hasta el más mínimo detalle de este acontecimiento.

La Edad de Piedra debió de estar llena de grandes acontecimientos históricos también. Pero nadie los escribió, porque en aquella época la gente no sabía escribir. Con el tiempo, se olvidaron. Por eso nunca hemos oído hablar de esos acontecimientos, aunque debieron de suceder. Por ejemplo, **¿qué pasó cuando una tribu de sapiens entró por primera vez en un valle habitado por neandertales?**

En los años siguientes probablemente se dieron muchas escenas dramáticas, tan importantes como el aterrizaje del hombre en la Luna.

Podríamos intentar imaginar lo que sucedió: quizás todo empezó con una mujer que subió a una colina a recoger fresas y vio a unos humanos extraños en el valle de atrás. «¡Monstruos! ¡Hay unos monstruos!».

Su banda habló a otras de los monstruos y todos se juntaron la noche de la siguiente luna llena para decidir qué harían. Esa noche, los diferentes grupos se reunieron alrededor de una hoguera y hablaron de uno en uno, con los rostros iluminados por las llamas. Algunos pensaban que los neandertales no eran monstruos y propusieron hacerse amigos de ellos. Otros dijeron que era mejor mantenerse alejados y ni siquiera entrar en su valle. Y otros insistieron en que se trataba de monstruos peligrosos y que todos debían juntarse para combatirlos y conquistar su valle. Y nadie sabía quién tenía razón.

Así que todos acordaron preguntar a los espíritus guardianes de la tribu, porque quizás ellos sabrían qué hacer. Entonces el chamán de la tribu, que lo conocía todo acerca de los espíritus guardianes, organizó una danza sagrada, con redobles de tambores y golpes de pies en el suelo. La tribu danzó y danzó para invocar a los espíritus guardianes y pedirles ayuda, hasta que por fin el chamán oyó las voces de los espíritus que susurraron claramente: «Guerra». (Pero, quién sabe, quizás el chamán no había oído nada. Quizás los que querían la guerra le habían prometido cien cuentas de marfil y tres sombreros con dientes de zorro si decía que había oído «guerra», así que mintió).

Más tarde libraron la batalla con garrotes de madera y lanzas con punta de pedernal. Y fue una masacre. No quedó ningún neandertal. **Salvo un niño asustado de tres años**, al que encontraron escondido bajo un arbusto espinoso. Un sapiens bueno se ofreció a adoptarlo,

pero otros se opusieron enfurecidos, gritando que el pequeño era un monstruo, y que había que matarlo. Hubo otra tensa discusión alrededor de la hoguera, con miradas encendidas y gritos. Pronto algunos sacaban sus garrotes y lanzas, y los alzaban. Justo cuando empezaban a pelear, el miembro más anciano de la tribu, una mujer que no solía decir palabra, se levantó, se quitó su capa de piel de ciervo y la puso alrededor de los hombros del niño. Y este permaneció con ellos. **De grande fue miembro de la tribu sapiens y su sangre todavía hoy corre por nuestras venas.** ¡Quizás es tu tatarabuelo!

Pero esto solo son imaginaciones, no hechos. Quizás no hubo ninguna guerra, ninguna batalla ni masacre. Quizás cuando un sapiens encontró por primera vez a los neandertales, celebraron una gran fiesta juntos, y todo el mundo bailó, cantó, se intercambiaron sombreros con dientes de zorro e incluso se besaron. Muchos años después, la gente tal vez todavía contaba historias acerca de esa fantástica fiesta. **Pero al final la olvidaron, como todo lo que sucedió en la Edad de Piedra.**

No sabemos qué sucedió porque no tenemos pruebas. Como mucho, los arqueólogos pueden hallar un diente de zorro del sombrero de alguien y los científicos quizás encuentren un gen neandertal en tu ADN. Los dientes y los genes nos dan información sobre nuestros antepasados de la Edad de Piedra, pero la mayoría se callan cuando hay que entrar en detalles sobre los hechos. El diente de zorro no nos puede decir si procedía de una guerra o de una fiesta.

Como este primer encuentro entre sapiens y neandertales, hay incontables dramas de la Edad de Piedra que han estado escondidos durante decenas de miles de años de historia. Y en este tiempo pudo haber muchas guerras y fiestas; la gente pudo inventar todo tipo de religiones y filosofías; y los artistas tal vez compusieron las mejores canciones que se han oído nunca. Pero no sabemos nada sobre ninguno de ellos.

Hay una cosa, sin embargo, que conocemos a ciencia cierta que hicieron nuestros antepasados y sobre la que nosotros sabemos mucho: acabaron con la mayor parte de los animales grandes del mundo. 🖐

4

¿ADÓNDE FUERON A PARAR TODOS LOS ANIMALES?

Hace 50 millones de años – Pakicetus

Hace 48 millones de años – Ambulocetus

Hace 33 millones de años – Dorudon

Hace 27 millones de años – Toipahautea waitaki

HACIA LO DESCONOCIDO

Al principio los humanos no vivían en todo el mundo. Nuestros antepasados sapiens vivían en África, los neandertales en Europa y Oriente Próximo, los denisovanos en Asia y los enanos de Flores en la isla de Flores.

En muchas otras zonas del mundo no había ningún humano. No los había en América ni en Australia, ni en muchas islas, como Japón, Nueva Zelanda, Madagascar y Hawái. Eso es porque los humanos no eran buenos nadadores. A veces llegaban a islas como Flores porque estaban muy cerca del continente, pero no podían cruzar el mar abierto para llegar a Australia o Hawái.

Cuando nuestros antepasados sapiens salieron de África hace unos 70 000 años, llegaron caminando a Europa, donde se encontraron con los neandertales; se fueron andando a Asia, donde se encontraron con los denisovanos, y siguieron hasta llegar al otro extremo de Asia, donde ya no pudieron seguir..., pero **entonces tuvieron una gran idea**: sabían que la madera flota sobre el agua, así que juntaron troncos y los ataron para hacer balsas, o vaciaron unos troncos para hacer canoas, y **salieron al mar.**

Fue un logro asombroso. **Hay otros animales que empezaron viviendo en tierra y luego evolucionaron para vivir en el mar.** Por ejemplo, los antepasados de las ballenas eran animales terrestres del tamaño de un perro grande. Hace unos 50 millones de años, empezaron a pasar una parte del tiempo en ríos y lagos, cazando peces y otros seres pequeños. Los científicos descubrieron el esqueleto de uno en Pakistán y lo llamaron *Pakicetus.*

Los descendientes del *Pakicetus* se adaptaron a vivir en el agua y raras veces salían a tierra. **Sus pies, que ya no necesitaban para andar, se empequeñecieron y se convirtieron en aletas.** Sus colas se volvieron más grandes y más anchas, y les servían para nadar. Al final, estos animales abandonaron por completo la tierra y se pasaban toda su vida en las profundidades del océano. Sus cuerpos se adaptaron hasta convertirse en ballenas.

Pero **este proceso duró millones y millones de años**. Ningún animal notaba el cambio a lo largo de su vida. Ninguno nació siendo un pequeño animal terrestre y se convirtió en una ballena gigante del océano. Ninguno observó que era mitad ballena o una cuarta parte de ballena. A cada paso durante el proceso, eran lo que eran, lo cual fue bueno para ellos. Si uno de esos antepasados viera una ballena actual, nunca se imaginaría que ese monstruo marino gigante es su bis-bis-bisnieto. Y seguramente las ballenas tampoco son el último paso. **¡Quién sabe cómo serán dentro de 50 millones de años!**

Los sapiens no tuvieron que esperar a que sus cuerpos evolucionaran cuando quisieron cruzar el mar; **solo inventaron nuevos utensilios**. No les salieron aletas, sino que empezaron a construir barcas. Y eso no les llevó millones de años, sino unas pocas generaciones.

Cuando los sapiens aprendieron a construir barcas, iban remando a las islas que divisaban desde la costa. **Luego remaban de una isla a otra, hasta que llegaban a la isla más lejana**, y ya no veían más a lo lejos. ¿Era el fin del mundo?

Pero no se detenían ahí. Tal vez los más valientes y aventureros decían que podía haber otras islas escondidas detrás del horizonte. «¿Cómo sabes que hay más islas?», les preguntaban sus amigos más precavidos, «si no las has visto».

«¿Cómo sabes que no hay más islas?», replicaban ellos, «si no has estado ahí».

Al final, **un grupo debió decidir que se iban a arriesgar**: navegarían hacia lo desconocido para verlo por sí mismos. Se llevaron toda la comida y el agua que pudieron, se subieron a las balsas y las canoas y empezaron a remar. Remaron y remaron, pero no divisaban otras islas a lo lejos. La comida y el agua empezaron a escasear. Si seguían adelante, quizás no tendrían provisiones suficientes para el viaje de vuelta. **¿Qué harías tú si estuvieras en una de esas barcas?**

Algunos de los aventureros probablemente pensaban que era demasiado peligroso y se dieron la vuelta. Pero otros decidieron seguir. Quizás uno de ellos vio un pájaro volando en el cielo y pensó: «Este pájaro tiene que ir a alguna parte, ¡así que **tiene que haber tierra más allá**!». Y siguieron remando. Más. Y más.

Hasta llegar a Australia hace unos 50 000 años.

El viaje que hicieron las primeras personas que llegaron a Australia es **uno de los hitos más importantes de la historia**. Incluso más que el viaje de Colón a América, o que el de Neil Armstrong y sus amigos a la Luna. En el momento en que los humanos pisaron por primera vez una playa australiana, se convirtieron en el animal más peligroso del mundo: eran los dueños del planeta Tierra. A partir de ese momento, empezaron a transformar por completo el mundo.

LOS GIGANTES DE AUSTRALIA

Cuando esos primeros humanos desembarcaron en esa playa, **no sabían nada sobre Australia**. ¿Alguna vez te has mudado a otra ciudad o has cambiado de escuela? Puede ser difícil, ¿verdad? No sabes qué niños fastidian a los demás. Si ves a un maestro por el pasillo, dudas entre darle los buenos días o quitarte de en medio. Desconoces dónde está la mejor fuente o dónde se reúnen los más cool.

Los primeros humanos que llegaron a Australia debían de sentirse más o menos así. **Ningún humano había estado allí antes**, así que no sabían nada de ese lugar. No conocían qué setas o qué bayas se podían comer. Si se les acercaba un canguro, no podían estar seguros de si era peligroso o no. Desconocían dónde encontrar pozos de agua y piedras de pedernal. Todo era nuevo.

Megaloceros giganteus

Procoptodon

Moa gigante

Wonambi

Megalania

Cuando empezaron a explorar su nuevo hogar, descubrieron todo tipo de animales enormes y extraños. En esa época, en Australia no solo había los canguros que hoy conocemos, también **había canguros gigantes**, de hasta 2 metros de altura y 200 kilos, que eran la presa del *Thylacoleo*, una especie de canguro león, también conocido como león marsupial. Este animal era grande y feroz como un león, pero llevaba a sus crías en una bolsa, como los canguros. Unos pájaros enormes no voladores llamados *Genyornis* corrían por las llanuras. Eran más grandes que los humanos y ponían unos huevos enormes. ¡Podrías hacer un omelette gigante con un solo huevo!

Los osos koala gigantes vivían en los bosques; unos lagartos parecidos a dragones se calentaban al sol, y entre la hierba reptaban unas serpientes de cinco metros que seguramente podían tragarse tres niños de una sola vez, ¡y aún les quedaría espacio en el estómago! El animal más grande de todos se llamaba *Diprotodon*. Pesaba casi tres toneladas y era del tamaño de un todoterreno.

Megatherium

Diprotodon   Glyptodon   Perezoso terrestre

DESAPARECIDOS POR COMPLETO

Al poco tiempo de la llegada de los sapiens a Australia **todos estos animales enormes se extinguieron**, así como otros muchos pequeños. Extinguirse significa desaparecer... completamente. Cuando un tipo de animal se extingue, cada ejemplar de ese tipo muere. Una vez que han muerto todos, ya no puede haber crías, así que **ese tipo de animal ha desaparecido para siempre**. Esto es lo que les sucedió a los canguros gigantes, a los leones marsupiales, a las serpientes de cinco metros, a los diprotodontes y a muchos otros animales. Pero ¿por qué?

Cuando sucede algo malo y sabes que es por tu culpa, es muy tentador echarle la culpa a otro. Si, jugando en la sala, rompes el jarrón preferido de tu madre... ¡Ha sido el gato! Pues, del mismo modo, **algunos afirman que los animales gigantes de Australia se extinguieron porque el clima cambió**. Se volvió más frío y llovía menos, así que esos animales no tenían suficiente comida y murieron.

Pero cuesta mucho creerlo. Es cierto que el clima de Australia cambió hace unos 50 000 años, pero no fue un cambio importante.

Esos animales grandes llevaban millones de años viviendo ahí y habían sobrevivido a muchos otros cambios climáticos. **¿Por qué desaparecieron de pronto, justo cuando llegaron los primeros humanos?** La explicación más plausible es que los sapiens fueron la causa.

Pero ¿cómo pudieron provocar tal desastre los antiguos sapiens? No tenían armas ni bombas. No conducían coches ni camiones. No construyeron ciudades ni fábricas. Solo tenían las herramientas de la Edad de Piedra. Pero sí **tenían tres grandes ventajas**: la cooperación, el elemento sorpresa y la capacidad de controlar el fuego.

APRENDER A TENER MIEDO

Su primera ventaja era que sabían contar historias que hacían que se juntara mucha gente. Antes de que los sapiens llegaran a Australia, los grandes depredadores locales, como los leones marsupiales, normalmente cazaban solos o en grupos muy pequeños. Pero **cuando los sapiens iban a cazar, podían hacer que cooperaran grupos grandes**. Un diprotodon se sabía defender de un solo león marsupial, pero no de 20 sapiens astutos. Y lo que es más importante: los sapiens sabían compartir información de maneras que los leones marsupiales no podían. Si la gente de un grupo desarrollaba un nuevo truco para cazar diprotodontes, podían enseñárselo enseguida a otras bandas. Y si una persona descubría dónde ponían sus huevos los *Genyornis*, se enteraba todo el vecindario.

Los sapiens habían aprendido a cazar en grupo y a compartir información cuando vivían en África y Asia. Al llegar a Australia lograron otra ventaja importante: el elemento sorpresa. Los humanos llevaban dos millones de años mejorando gradualmente sus métodos de caza. Al principio, los animales de África y de Asia no se preocupaban mucho por los humanos, pero, **con el tiempo, aprendieron a temerles**. Cuando los sapiens desarrollaron su capacidad única para cooperar en gran número, los animales de África y de Asia ya sabían que los simios de dos patas que empuñaban garrotes traían problemas: mejor huir, ¡y rápido! Pero los animales de Australia no tuvieron tiempo de adaptarse a los humanos.

Lo que tenemos los humanos es que **no parecemos especialmente peligrosos**. Nuestro cuerpo no es grande y musculoso, como el de los tigres, ni tenemos dientes largos y afilados, como los cocodrilos, o colmillos enormes como los rinocerontes, y no podemos correr rápido como los guepardos. Así que, cuando un diprotodon gigante australiano vio a esos simios bípedos procedentes de África por primera vez, les echó una ojeada, se encogió de hombros y siguió masticando hojas porque no le parecieron una amenaza. ¿Cómo iban a hacer daño?

Lo cierto es que entonces **los humanos ya eran los animales más mortíferos de la Tierra**. Eran mucho mucho más peligrosos que cualquier león o que una serpiente de cinco metros. **Un ser humano solo es bastante menos peligroso que un solo león** o una sola serpiente, pero 100 sapiens que juntan fuerzas pueden hacer cosas que los leones y las serpientes no logran. Cazar diprotodontes y otros grandes animales de Australia era más fácil que cazar elefantes y rinocerontes en África y Asia porque los **animales australianos no intentaban huir**. Por eso todos los diprotodontes de Australia desaparecieron, mientras que algunos de los elefantes y rinocerontes consiguieron sobrevivir en África. Los pobres diprotodontes se extinguieron antes de aprender a temerles a los humanos.

Aunque suene raro, aprender a tener miedo lleva tiempo. Solemos pensar que el miedo es algo que sentimos automáticamente, ¿verdad? Pero piensa: ¿qué te asusta más: una araña peluda o un coche? Si eres como la mayoría de las personas, cuando ves a una gran araña peluda que va hacia ti, te das la vuelta y sales corriendo.

Quizás incluso gritas: «¡Ah, una araña!». En cambio, no huyes cada vez que ves un coche. ¿Por qué no? Todos los años, los coches matan a más de un millón de personas, mientras que las **arañas casi no matan a nadie**.

Pero en la Edad de Piedra ya había arañas, mientras que los coches solo hace un siglo que se inventaron, así que los humanos hemos tenido tiempo de aprender a tenerle miedo a las arañas, pero no a los coches. A los diprotodontes les sucedió lo mismo. Quizás también les daban miedo las arañas grandes y peludas, pero no temían al animal más peligroso de su entorno: los humanos.

Los humanos tenían una tercera ventaja: controlaban el fuego. **Cuando los sapiens llegaron a Australia, ya sabían cómo empezar un fuego donde y cuando querían.** Cuando llegaban a un bosque espeso lleno de animales salvajes, no tenían que cazarlos uno a uno y arriesgarse a ser pisoteados por un diprotodon enfurecido, sino que podían quemar el bosque entero y esperar a que los animales, asustados, salieran corriendo hacia una trampa. O simplemente podían esperar a que el bosque ardiera con los animales dentro, y, cuando las llamas se apagaban, no tenían más que servirse un montón de diprotodontes y canguros asados.

Así es como los sapiens mataron a todos los animales gigantes de Australia. **No sobrevivió ni uno.** Los humanos cambiaron Australia por completo y era la primera vez que lo hacían: era la primera vez que transformaron totalmente una parte del mundo. ⇝—▻

EL VIAJE A AMÉRICA

Lo que tienen los malos hábitos es que cuesta deshacerse de ellos. Tienden a persistir vayas donde vayas. Y nuestros antepasados no fueron una excepción. Erradicar tantos animales de Australia fue su primera gran acción. La segunda fue eliminar ciertos animales de América.

Llegar a América era incluso más difícil que alcanzar Australia. América está separada de África y Europa por el océano Atlántico, que es enorme; y de Asia por el océano Pacífico, que es aún mayor. Solo el extremo norte de América, llamado Alaska, está cerca de la punta norte de Asia, denominada Siberia. De hecho, **hace unos 10 000 años el nivel del mar era tan bajo que podías ir andando desde Siberia hasta Alaska** sin tener que cruzar el mar.

Pero en esta región ártica el clima era muy frío. Las temperaturas podían llegar a –50 °C en Siberia, en invierno, y había muchos días que el sol no salía. Ni siquiera los fuertes neandertales y denisovanos, acostumbrados a la nieve y al hielo, podían sobrevivir en el norte de Siberia, de modo que no podían llegar a América.

Entonces llegaron nuestros antepasados sapiens. Provenían de la soleada África, así que sus cuerpos no estaban adaptados a la vida en temperaturas árticas. Pero cuando emigraron al norte, a Siberia, inventaron toda clase de cosas para sobrevivir. Sabemos, por ejemplo, que los neandertales a veces se envolvían en pieles de animales, pero **los sapiens idearon las agujas, y aprendieron a coser varias capas de piel y cuero** para confeccionar ropa cálida. No solemos pensar mucho en las agujas, pero fueron **uno de los inventos más importantes de la historia**.

Si los antiguos sapiens no hubieran inventado las agujas, probablemente no habrían llegado a América.

EL AVANCE HACIA
EL SUR

Los sapiens también podían contar con la cooperación a gran escala para cazar animales grandes, como los mamuts, que vivían en el extremo norte. **Cada mamut que cazaban era como un supermercado para ellos.** Tenía un montón de carne y grasa. ¡Algunos pesaban 12 toneladas! La gente no podía comer tanta carne de una sola vez, pero aprendieron a conservarla ahumándola o congelándola bajo el hielo. Usaban el pelaje y el cuero para confeccionar abrigos y calzado térmicos, sus huesos más grandes para sostener sus tiendas, y los más pequeños, como utensilios. El marfil les servía para hacer joyas y arte, como la estatuilla del hombre león o los brazaletes de cuentas hallados en Sunghir.

Así que, **cuando se acercaba el invierno, quizás toda una tribu de sapiens se juntaba para cazar mamuts.** Luego se repartían la carne, la piel y el marfil. Los grupos tomaban también otros tipos de alimentos y recogían toda la leña posible. Al llegar el invierno, **cada grupo se retiraba a refugiarse a una cueva.** Cuando el sol desaparecía y las tormentas azotaban la región, la banda permanecía allí, sentada al calor de una buena hoguera.

Para pasar el tiempo, tal vez contaban historias sobre mamuts y fantasmas, y seres extraños que eran medio humanos y medio leones. Quizás también contaban chistes y cantaban, cosían abrigos con pieles de mamut, hacían zapatos con su cuero, y tallaban cuentas y joyas con marfil de ese animal.

Si tenían hambre, se iban a la parte más fría de la cueva, que les servía de refrigerador, cortaban un filete de mamut y lo asaban sobre el fuego. Obviamente, no tenían un refri de verdad que funcionara con electricidad, pero, cuando las temperaturas bajaban a −50 °C, ¡todas las cuevas podían ser un refrigerador natural!

Los sombreros y cinturones decorados de Sunghir demuestran que **los cazadores de mamuts no solo sobrevivían, sino que prosperaban**. Se multiplicaron y se extendieron por el extremo norte, cazando mamuts, rinocerontes lanudos y renos, y también pescando en toda la costa. Cuando no quedaban mamuts ni peces en un lugar, se trasladaban en busca de más. **Hasta que un día llegaron hasta Alaska y descubrieron América.** Claro que ellos no lo sabían. Creían que Alaska solo era una continuación de Siberia.

Desde allí siguieron avanzando hacia el sur por toda América. Al principio vivían de la pesca y la caza de animales grandes en el extremo norte. Pero **los sapiens pueden cambiar su manera de vivir muy rápido** y esto es lo que hicieron. Cada vez que llegaban a un nuevo lugar, aprendían todo lo que podían sobre las plantas y los animales, e inventaban diferentes trucos, creaban nuevos utensilios y se adaptaban a las distintas condiciones.

Los bisnietos de los cazadores de mamuts de Siberia quizás fueron a parar a los pantanos del Misisipi. Ya no llevaban abrigos hechos con pieles de mamut, sino que andaban casi desnudos. Ya no seguían rebaños de mamuts y hacían redes para capturar peces. Olvidaron el sabor del filete de mamut y ahora les gustaba la carne de cangrejo. Quizás dejaron de creer en el espíritu del hombre león y empezaron a contar historias sobre el espíritu de un hombre cocodrilo que vivía en los pantanos.

Mientras, algunos de sus parientes aprendían a vivir en el desierto de Sonora, en México, donde había muchos coyotes, pero no cocodrilos. Otros crearon su hogar en las selvas de América Central, o a orillas del Amazonas, o a gran altitud, en la cordillera de los Andes, o en las pampas abiertas de Argentina. Algunos incluso llegaron a la isla de la Tierra del Fuego, en el extremo sur de América del Sur. En unos pocos milenios ya estaban asentados en todos estos lugares. Su viaje es la prueba de que **nuestros antepasados tenían unas capacidades asombrosas**. Ningún otro animal ha conseguido adaptarse a lugares tan distintos con tanta rapidez.

Y, casi en todas partes adonde iban, los humanos cazaban los animales grandes. Para cuando llegaron a América, los humanos ya eran más hábiles cazando que cuando habían alcanzado Australia. Uno de sus métodos era el de acercarse a los animales en varios grupos y desde distintas direcciones, de modo que estos quedaban completamente rodeados. Ello significaba que, aunque los animales eran más rápidos que los sapiens, no podían escapar.

Otro método era acercarse a los animales solo por un lado, pero dirigirlos hacia un precipicio o un río profundo que no pudieran cruzar. Un tercer método era empujar a los animales hacia un cañón estrecho o un vado en un río. **Los animales creían que tenían una vía de huida** y se amontonaban en ese paso estrecho. Pero, cuando los animales estaban muy amontonados, los cazadores empezaban a dispararles flechas, a lanzarles lanzas o a tirarles piedras.

Si los animales vivían en una llanura abierta sin precipicios, ríos ni cañones, **los sapiens sumaban fuerzas para construir una trampa**. Levantaban barreras de madera o de piedra, y cavaban pozos hondos que cubrían con ramas y hojas. Luego se situaban detrás de los animales, hacían mucho ruido y movían los brazos para dirigirlos hacia las barreras y los pozos. A veces se necesitaban varios grupos de personas, durante muchas semanas, para hacer las trampas, pero, **si funcionaban, podían cazar todo un rebaño de animales en una mañana**. En un lugar llamado Tultepec, en México, unos arqueólogos encontraron dos pozos grandes que contenían los huesos de catorce mamuts. Los humanos cavaron esos pozos y luego dirigieron a los mamuts hacia ellos.

Cuando los humanos llegaron a América, aquello estaba lleno no solo de mamuts, sino de otros animales grandes parecidos a los elefantes, los mastodontes. También había castores tan altos como jugadores de baloncesto, rebaños de caballos y camellos, tigres de dientes de sable y unos leones enormes, más grandes que el león africano actual. Otros antiguos animales americanos no se parecían a ninguna especie actual, como el megaterio gigante, que pesaba hasta cuatro toneladas y podía medir hasta seis metros de altura. ¡Casi el doble que un elefante! Poco después de que llegaran los humanos, la mayoría de aquellos animales grandes se extinguieron. ✸➤

Mamut

Mastodonte

UN GRAN PROBLEMA

¿**T**e preguntas por qué se extinguían precisamente los animales grandes? ¿Por qué desaparecían los mamuts y los castores grandes, pero los castores pequeños y los conejos no? Hay varias razones.

En primer lugar, **cuando los sapiens organizaban cacerías colectivas, su objetivo eran los animales grandes**. ¡No vas a reunir a decenas de cazadores para perseguir a dos puñados de conejos! Si divides diez conejos entre cincuenta personas, a cada uno le toca muy poco..., pero, si consigues cazar a un solo mamut, todo el mundo puede comer bien. Así que el esfuerzo merece la pena.

En segundo lugar, la mejor defensa de un conejo es esconderse: puede meterse en una madriguera, o sentarse muy quieto bajo un matorral, y tú no ves adónde se ha ido. **A los mamuts les resultaba mucho más difícil esconderse.** Además, un mamut no necesita esconderse de un lobo o de un águila porque es demasiado grande para que lo ataquen. Pero **su tamaño no les ofrecía ninguna protección frente a los grupos de sapiens.** Justo al contrario: los animales más grandes eran la presa más atractiva para los cazadores humanos. Por eso tenían un gran problema.

En tercer lugar, los animales grandes desaparecieron porque eran relativamente escasos y se reproducían lentamente. Imagina que una superficie de tierra tenía una población de mil mamuts. Todos los años nacían doce y diez morían de viejos, o por heridas o enfermedades. De modo que su población crecía en dos individuos al año. Entonces llegaron los sapiens y empezaron a cazarlos. Aunque solo consiguieran matar a tres mamuts al año, eso bastaba para alterar el equilibrio. Ahora la población de mamuts se reducía a un individuo al año. **Puedes hacer**

los cálculos: al principio había mil mamuts, y cada año había uno menos. ¿Al cabo de cuánto tiempo se iban a extinguir? Además, **imagina lo solo que debió de sentirse el último mamut**.

Con los conejos la situación era distinta. Una superficie de tierra similar podía tener una población de cien mil conejos. Y los conejos se reproducen muy muy rápido. Todos los años nacían miles de crías. Aunque los humanos consiguieran atrapar montones de conejos, su población no se reducía. Al final, habría habido un montón de humanos y un montón de conejos, pero ni un solo mamut.

Pero **¿por qué eran tan crueles nuestros antepasados?** ¿Por qué acabaron con todos los mamuts? La verdad es que probablemente no era este su propósito. Sencillamente **tenían hambre, y sus hijos también, así que cazaban varios mamuts todos los años porque necesitaban algo que comer**. Ignoraban el efecto que tendría a lo largo de muchos

muchos años. A menudo hacemos cosas muy importantes sin darnos cuenta.

Los cazadores de mamuts no imaginaban que, al cazar tres mamuts al año, con el tiempo podrían causar su completa extinción. La gente no vivía más de 70 u 80 años, y pasaron muchos siglos hasta que los mamuts se extinguieron, así que nadie reparó en lo que sucedía. Como mucho, algún abuelo nostálgico pudo refunfuñar: «Cuando yo era niño, ¡había muchos mamuts! Ahora ya casi no quedan». Y quizás nadie le creía. **¿Acaso tú siempre crees lo que dicen tus padres y tus abuelos** sobre su niñez, cuando no había *smartphones* ni internet?

Este es otro ejemplo de esa importante ley de la vida: los pequeños cambios que nadie nota se van sumando con el tiempo y llegan a ser grandes cambios. En un momento concreto, solo se da un pequeño cambio que no podemos ver, así que pensamos que todo sigue igual. Aunque observemos atentamente durante todo un día, o toda una semana, tampoco lo vemos. Pero, con el tiempo, **los pequeños cambios se van sumando y llegan a ser grandes cambios**. Así es como crecemos, como un pequeño animal terrestre que se convierte en una ballena enorme, y como el hecho de cazar unos pocos mamuts todos los años puede causar su extinción.

En realidad, seguramente ni siquiera los mamuts advirtieron que desaparecían. Como los humanos, solo vivían unas décadas. Obviamente, una mamut sabía si su mejor amiga moría, pero no podía saber que pronto todos los mamuts del mundo iban a desaparecer. ⤳⚬

LA EXTINCIÓN EXPRÉS

Nuestros antepasados ocasionaron la extinción de muchos tipos de animales, no solo en Australia y América, sino en todo el mundo. **Los mamuts también fueron aniquilados en Europa y Asia**, donde habían vivido millones de años. Hace unos 10 000 años, no quedaba ni un solo mamut en ninguna parte, excepto en algunas pequeñas islas del gélido norte.

Una de ellas, la de Wrangel, está en el océano Ártico, a unos 150 kilómetros al norte de la costa de Siberia. **Es un lugar extremadamente frío**, y, aunque los sapiens llegaron a Siberia, no pudieron acceder a Wrangel, así que los mamuts siguieron viviendo tranquilamente en esa isla miles de años después de que desaparecieron de América, Europa y Asia. Pero, hace unos 4 000 años, unos sapiens

finalmente lograron llegar a la isla..., y pronto ya no quedaron mamuts en ningún lugar del mundo.

La extinción de los mamuts afectó a muchos animales y plantas. Esta es otra ley importante de la vida: los animales y las plantas dependen entre ellos: si a un tipo de ser vivo le sucede algo, ello influye en los demás. **Y esta ley incluso se aplica a ti.** Tú influyes en muchos animales y plantas de tu alrededor. Quizás pisas hierbas de camino a la estación del autobús. Quizás también comes galletas, y dejas un rastro de migas que las hormigas y los gorriones encuentran y se comen. Quizás quitas las telarañas del techo de tu habitación. Así que, si te mudas a otra ciudad,

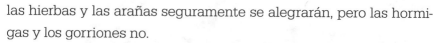

las hierbas y las arañas seguramente se alegrarán, pero las hormigas y los gorriones no.

Sucede lo mismo a una escala mucho mayor con todos los animales. Piensa en las abejas, por ejemplo. Vuelan de flor en flor, y así es como las flores logran que su polen llegue a otra flor y produzca semillas. **Sin semillas, no puede haber nuevas plantas.** Si no hay plantas, los animales que las comen, como los conejos, mueren. Si no hay conejos, todos los animales que comen conejos, como los zorros, también mueren. Así es como **la extinción de un animal puede afectar a los demás.** Si matas a todas las abejas, los zorros también morirán.

Los mamuts eran muy importantes para las plantas y animales. Cuando había mamuts, el clima era más frío en las regiones árticas del extremo norte, pero en esos lugares había muchas más plantas

y animales que hoy en día. ¿Por qué? Por los mamuts. En invierno, cuando todo estaba cubierto de nieve y hielo, **los mamuts hacían de quitanieves**. Usaban su fuerza colosal y sus enormes colmillos para abrirse camino entre la nieve y descubrir la hierba que había debajo. Se comían una parte, pero quedaba la suficiente para alimentar a animales más pequeños, como las liebres polares. Y estas eran comidas por los zorros árticos. Al llegar la primavera, casi no quedaba hierba congelada y el suelo estaba desnudo. Eso era bueno porque, cuando el sol empezaba a calentar la tierra, podían brotar plantas nuevas de inmediato, que proporcionaban alimento a los animales.

Cuando los mamuts se extinguieron, ningún animal fue lo bastante fuerte para levantar la nieve en invierno y descubrir la hierba. **Así que los demás animales no tenían nada que comer.** Y como nadie se

comía la hierba congelada, cuando llegaba la primavera, a las nuevas plantas les costaba más crecer. Estaban atrapadas debajo de la hierba muerta del año anterior. De modo que los animales tenían aún menos comida. Por eso, cuando los mamuts desaparecieron, las liebres polares y los zorros árticos también la pasaron mal.

Los sapiens no sabían nada de todo esto. El problema no es que los sapiens fueran perversos, sino que **eran demasiado buenos en lo que hacían**. Cuando empezaron a cazar mamuts, no sobrevivió ninguno. Entonces pasaron a cazar alces. Y también lo hacían demasiado bien, así que pronto acabaron con ellos.

Cuando los arqueólogos hacen excavaciones, se encuentran con **la misma historia en todo el mundo**. A gran profundidad hallan restos de muchos animales distintos, pero ninguno de sapiens. Un poco más arriba descubren los primeros vestigios de sapiens: quizás un hueso, un diente o una punta de lanza. Y un poco más arriba, una capa con muchos restos humanos, y ninguno de los animales que había antes. Así que **paso uno: muchos animales, cero sapiens. Paso dos: aparecen los sapiens. Paso tres: muchos sapiens y cero animales**.

Esto sucedió en Australia, en América, en Asia y en Europa. Y en casi todas las islas que los humanos descubrieron, como la de Madagascar.

Durante millones de años estuvo aislada del resto del mundo, así que muchos animales únicos evolucionaron allí. Entre ellos, los lémures gigantes, que podían ser más grandes que los gorilas. También estaban los pájaros elefante, que eran un poco como avestruces gigantes; no volaban, medían tres metros de altura y pesaban casi una tonelada. Eran **las aves más grandes del mundo**, justo el tipo que nadie querría encontrarse en el jardín de su casa. Estos pájaros elefante y los lémures gigantes, junto con la mayoría de los demás animales grandes de Madagascar, se desvanecieron de pronto, hace unos 1 500 años, precisamente cuando los primeros humanos pisaron la isla.

Ocurrieron desastres similares en las miles de islas que hay desde el océano Pacífico hasta el mar Mediterráneo. Incluso en las más pequeñas, los arqueólogos han encontrado restos de aves, insectos y caracoles que vivieron allí durante miles de años, pero que desaparecieron súbitamente cuando llegaron los primeros humanos.

Solo algunas islas extremadamente remotas se han librado de los humanos hasta hoy en día, y en ellas todavía viven animales muy interesantes. El ejemplo más famoso son las islas Galápagos, el hogar de unas tortugas gigantes que, como los diprotodontes de Australia, no muestran ningún temor hacia los humanos.

Quizás si todo el mundo comprendiera a cuántos animales hemos llevado a la extinción, haríamos más para proteger a los que todavía están vivos. Si no tenemos cuidado, aniquilaremos a los leones, elefantes, delfines y ballenas. Los únicos seres grandes que quedarán en el mundo seremos los humanos, aparte de nuestras mascotas y los animales de granja. Pero no quedará ningún otro animal salvaje de gran tamaño.

¡UTILIZA TU SUPERPODER!

Cuando nuestros antepasados causaron la extinción de los mamuts y los diprotodontes, no sabían lo que hacían. Pero nosotros no nos podemos valer de esa excusa. **Sabemos lo que les estamos haciendo** a los leones, elefantes, delfines y ballenas. Somos responsables de su futuro. Y, por muy pequeña o pequeño que seas, puedes hacer algo. Recuerda, ¡aunque seas pequeño, **ya eres más poderoso que cualquier león o ballena!** Sin duda, las ballenas son mucho más grandes que tú, pero tú **tienes el superpoder de contar historias y de cooperar**.

La ballena azul es el animal más grande que ha existido nunca. ¡Es más larga y pesa más que los dinosaurios más grandes! Puede alcanzar los 30 metros, y pesar más de 150 toneladas, como 5000 niños juntos. Sin embargo, no es capaz de protegerse contra los humanos, porque estos han aprendido a contar historias muy extrañas y a cooperar de maneras sofisticadas que las ballenas no entienden.

Hace miles de años, las ballenas eran cazadas por pequeños grupos de **pescadores** que navegaban en barcas de madera muy sencillas y usaban lanzas. Las ballenas a veces podían escapar o incluso romper y hundir las barcas. Pero, en la época moderna, los humanos aprendieron a cooperar de otra manera.

¿Recuerdas las corporaciones de las que hemos hablado, como McDonald's? Bien, McDonald's se ha especializado en hamburguesas y papas fritas, pero **otras corporaciones se han especializado en cazar ballenas**. Compraron grandes barcos de hierro, y los equiparon con sónares para rastrear el océano y potentes cañones que pueden disparar lejos. Pues bien, **las ballenas ya no podían esconderse, huir ni hundir esos barcos**. Y, si un barco se hundía y los hombres se ahogaban, las corporaciones compraban más barcos y contrataban más marineros. Las ballenas no podían hundir a las corporaciones, porque ni siquiera sabían que existían. ¿Cómo puedes protegerte de algo que no ves, no oyes ni hueles, de algo que solo existe en la imaginación de otro animal?

Así que las corporaciones cazaban cada vez más ballenas y ganaban más dinero. Hace 50 años, las ballenas azules casi desaparecieron..., igual que los mamuts. Por suerte, algunos humanos se

percataron de lo que sucedía y decidieron salvar a las ballenas. Como sabían lo que es el dinero y cómo funcionan las corporaciones, sabían qué podían hacer. **Escribieron cartas a los periódicos, firmaron peticiones para los políticos y organizaron manifestaciones.** Dijeron a la gente que no compraran productos de corporaciones que cazaban ballenas y pidieron a los gobiernos que prohibieran su caza. **Muchas de las personas que hicieron todo esto eran niños.**

Uno de ellos era un chico estadounidense llamado Kenneth Gormly. Un día, en 1968, vio como varios pesqueros rodeaban a un grupo de ballenas. Usaban redes de acero, subma-

rinistas e incluso un hidroavión para localizarlas y capturarlas. En ese grupo había una madre y su cría. **La madre ballena logró hacer un agujero en la red y huir**, pero la malla de acero le hizo un corte y empezó a sangrar. La cría no supo salir y se quedó atrapada. **Kenneth oyó cómo la madre y su cría se llamaban una a otra** y cómo los pescadores atrapaban a la cría en la red y la metían en el barco. La cría llamó a su madre sin parar y la madre siguió al barco, pero no pudo rescatar a su cría.

A Kenneth le afectó mucho lo que había visto y oído, así que, cuando llegó a casa, escribió lo sucedido y lo envió al periódico local, que publicó su historia. Muchos adultos comprendieron cuánto sufrían las ballenas.

Fueron necesarios más tiempo y muchos artículos, cartas y manifestaciones, pero **al final, la presión dio fruto**: algunos gobiernos de todo el mundo por fin aprobaron leyes y firmaron tratados para terminar con la pesca de la ballena. La ballena azul se había salvado, por lo menos por un tiempo. Pero todavía hoy está en peligro, al igual que muchos otros animales. No pueden protegerse. No pueden escribir artículos para la prensa, ni enviar cartas a la gente o presionar a los gobiernos. **Pero tú sí puedes.** Si sabes cómo funcionan las corporaciones y sabes escribir una buena historia en las redes sociales, u organizar una manifestación, puedes ayudar a salvar ballenas y otros animales. Desde el punto de vista de una ballena, puedes hacer tantas cosas tan increíbles que **casi pareces un superhéroe**.

EL ANIMAL MÁS PELIGROSO DEL MUNDO

Así es cómo los humanos nos hemos convertido en los dueños del planeta Tierra y cómo llegamos a tener el destino de todos los demás animales en nuestras manos. Antes de construir la primera ciudad, inventar la rueda y aprender a escribir, **nos habíamos extendido por todo el mundo y habíamos eliminado cerca de la mitad de todos los grandes animales terrestres**. Los humanos fueron los primeros animales de la historia del planeta que llegaron a casi todos los continentes e islas, y lograron cambiar todo el mundo por sí solos.

Nuestros antepasados hicieron todo esto gracias a sus habilidades únicas: inventar historias y cooperar en gran número. Esto hizo que nuestro grupo de humanos fuera mucho más poderoso que los neandertales, los leones o los elefantes. Hizo de nosotros el animal más peligroso del mundo.

Así que ahora ya sabes la historia de nuestros antepasados. Sabes por qué a veces te despiertas por la noche asustado, creyendo que hay un monstruo debajo de tu cama; por qué es tan agradable sentarse alrededor de una hoguera y mirar cómo parpadean las llamas, y por qué te comerías todo un pastel de chocolate, aunque no sea bueno para ti.

Sabes que el hueso de un dedo puede ayudar a identificar a todo un tipo de humanos desaparecidos, que algunas islas estuvieron habitadas solo por enanos, que la mayor parte de las herramientas de la Edad de Piedra no estaban hechas de piedra y que la mayoría de la gente no vivía en cuevas, que los adolescentes y las niñas a veces pueden hacer descubrimientos científicos importantes, y que si inventas una buena historia, y la cree suficiente gente, **puedes conquistar el mundo**.

También sabes que es mucho lo que aún no sabemos. No sabemos qué hacían los neandertales con su cerebro gigante. No sabemos si los sapiens y los neandertales a veces se enamoraban, o cómo eran las familias en la Edad de Piedra. No sabemos en qué tipo de religiones creía la gente en ese entonces.

Y hay otras preguntas. Este libro ha explicado cómo nuestros antepasados se convirtieron en el animal más poderoso del mundo; cómo se extendieron por él y provocaron la extinción de muchos de los animales del mundo. Pero, incluso después de hacer todo esto, nuestros antepasados aún no sabían construir coches, aviones ni naves espaciales. **Todavía no sabían escribir.** No tenían granjas ni ciudades. Ni siquiera sabían cultivar trigo ni hacer pan. Entonces ¿cómo aprendieron a hacer todas estas cosas?

Esa es otra historia muy distinta. 🖐

AGRADECIMIENTOS

Se necesita una tribu para criar a un niño. También se necesita una tribu para crear un libro.

Cuando miras la cubierta de un libro, normalmente solo ves el nombre del autor en letras grandes, de modo que puede que imagines que el libro lo escribió una sola persona. Quizás él o ella se sentaron en su estudio durante un año, lo escribieron todo... ¡y aquí está! ¡Ha salido un nuevo libro!

En realidad, todo es muy distinto. Son muchas las personas, de tantos sitios, que han trabajado intensamente en el libro, haciendo cosas que el autor no podría hacer, o que ni siquiera sabría cómo hacerlas. Sin su contribución, este libro no existiría.

Normalmente se tarda solo unos segundos en escribir una frase. Pero lo cierto es que llevó muchas semanas escribir algunas de las frases de este libro. Diversas personas tenían que comprobar que los datos eran correctos. Durante un mes estaban muy ocupados leyendo artículos sobre los neandertales y, al mes siguiente, todo iba de ballenas.

Otros estudiaban muy atentamente el mensaje exacto de la frase. ¿Es esto, realmente, lo que queremos que los lectores sepan acerca de la historia? ¿O quizás se puede interpretar erróneamente? ¿Se puede sentir alguien herido? Y también estaban los que pulían el estilo. ¿Es clara esta frase? ¿Podríamos hacerla aún más clara?

Y pasaba lo mismo con las ilustraciones. Algunas hubo que repetirlas diez veces, dándoles vueltas, haciendo un esbozo y tirándolo al bote de basura, dibujando algo y retocándolo una y otra vez. Debería ser un niño. No, haz una niña. ¿Quizás un poco más pequeña? No, demasiado pequeña...

De modo que escribir una sola frase o dibujar una sola ilustración podía requerir montones de correos electrónicos, llamadas por teléfono y reuniones. Y alguien tenía que coordinar todos esos correos, llamadas y reuniones. Luego estaban los contratos que hay que firmar, sueldos que pagar, sin olvidar la comida: nadie puede hacer nada si no come, ¿verdad?

Así que me gustaría dar las gracias a todas esas personas que han contribuido a crear este libro. Yo no lo hubiera podido hacer sin ellos.

Ricard Zaplana Ruiz ha dibujado las fantásticas ilustraciones que dan vida a la historia humana.

Jonathan Beck respaldó el proyecto con gran entusiasmo y ayudó a llevarlo a buen término.

Susanne Stark y Sebastian Ullrich me enseñaron a ver el mundo desde la perspectiva de los jóvenes, y a escribir de una manera más clara, sencilla y profunda de lo que me creía capaz. Han leído y releído meticulosamente cada palabra, y se han asegurado de que, al intentar escribir una historia amena y accesible, no se viera afectada su precisión científica.

Luego está la gente maravillosa del equipo de Sapienship: Naama Wartenburg, Jason Parry, Daniel Taylor, Michael Zur, Nina Zivy, Shay Abel, Guangyu Chen, Hannah Morgan, Galiete Gothelf, Nadav Neuman, Hannah Yahav y Ettie Sabag, que han contado con el apoyo adicional de la hábil correctora de estilo Adriana Hunter, la maquetadora Hanna Shapiro y la asesora sobre la diversidad Slava Greenberg. Y todo dirigido por nuestra brillante directora general, Naama Avital. Cada uno de los miembros del equipo ha contribuido a este proyecto. Sin su profesionalidad, diligencia y creatividad no habría aparecido este libro.

Me gustaría expresar mi agradecimiento, igualmente, a mi madre Pnina, a mis hermanas Einat y Liat, y a mis sobrinas y sobrinos Tomer, Noga, Matan, Romi y Uri, por su amor y su respaldo.

Mi abuela Fanny falleció a la edad de cien años, justo cuando estábamos terminando el libro. Siempre le estaré agradecido por su ilimitada bondad y alegría.

Por último, me gustaría dar las gracias a mi marido Itzik, que llevaba años soñando con crear este libro, y que fundó Sapienship para hacer realidad este y otros proyectos, y ha sido mi inspiración y mi compañero sentimental desde hace más de dos décadas.

YUVAL NOAH HARARI

Gracias a todos los compañeros *Homo sapiens* de mi profesión por compartir sus conocimientos y su amistad.

A Ada Soler y Rosa Samper, por su voto de confianza.

Al equipo de profesionales que forman Sapienship, por su ayuda y orientación en todos los pasos del proceso de creación.

Y, por supuesto, a Yuval Noah Harari, por confiar en mis ilustraciones para que viajen hasta el otro lado del mundo junto con sus textos.

RICARD ZAPLANA RUIZ

SOBRE ESTE LIBRO

Lo mejor de la ciencia es que constantemente descubre cosas nuevas. Todos los años, los científicos hacen descubrimientos que cambian la manera en la que entendemos el mundo. En este libro hemos intentado basarnos en los conocimientos científicos más recientes, pero incluso los científicos discrepan en algunas cosas. Además, hay partes de la historia humana que quizás siempre serán un misterio. Pero ¡espera! Eso no significa que todo sea cuestionable. Podemos decir con seguridad que en este planeta había muchos tipos de humanos diferentes. Sabemos con certeza que el único tipo humano que queda, nuestro tipo, aprendió a controlar las plantas y los animales, construyó ciudades e imperios, e inventó naves espaciales, la bomba atómica y las computadoras. Estas revoluciones crearon el mundo en el que vives ahora mismo. Y quizás algún día descubras algo que cambiará la manera en la que todos los humanos entendemos el mundo...

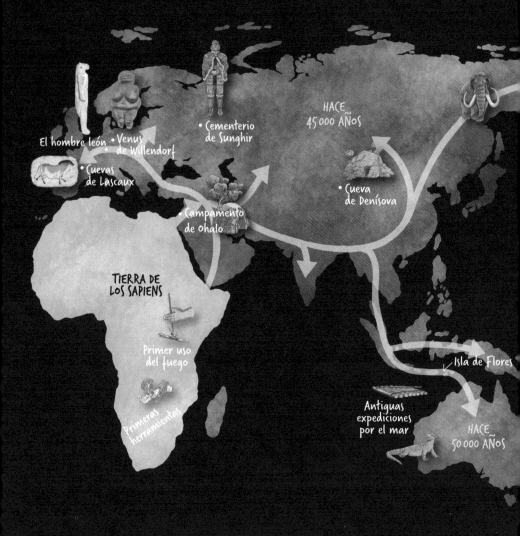

El hombre león • Venus
de Willendorf
• Cuevas
de Lascaux
• Cuevas
de Lascaux
• Cementerio
de Sunghir

HACE
45 000 AÑOS

• Cueva
de Denísova

• Campamento
de ohalo

TIERRA DE
LOS SAPIENS

Primer uso
del fuego

Primeras
herramientas

↙ Isla de Flores

Antiguas
expediciones
por el mar

HACE
50 000 AÑOS

MAPAMUNDI
DE LA HISTORIA

➜ RUTA DE LA MIGRACIÓN
SAPIENS

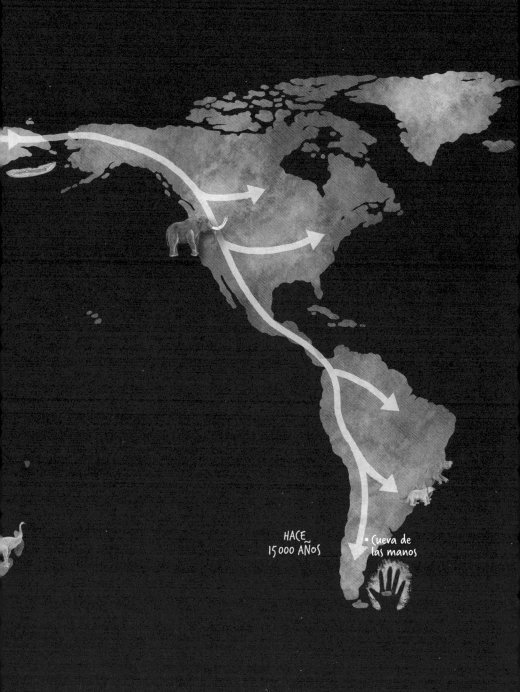

HACE
15 000 AÑOS

Cueva de
las manos

Los humanos somos imparables. Al parecer, nada puede detenernos.

Si nos enfrentamos a un obstáculo, hallamos una manera de superarlo. Cuando topábamos con leones, hicimos armas. Cuando nos limitaban los vastos océanos, construimos barcos. Y, cuando la Tierra parecía repleta, inventamos naves espaciales.

Pero, al parecer, ni siquiera nosotros mismos podemos pararnos los pies. Nada nos satisface durante demasiado tiempo. Por muchas cosas que consigamos, siempre queremos más, y, vayamos adonde vayamos, no encontramos la paz.

¿Qué es lo que nos permite superar todos los obstáculos? ¿Qué es lo que no nos deja encontrar la paz?

Imparables de Yuval Noah Harari
se terminó de imprimir en septiembre de 2022
en los talleres de
Litográfica Ingramex S.A. de C.V.,
Centeno 162-1, Col. Granjas Esmeralda, C.P. 09810,
Ciudad de México.